「んどい」を

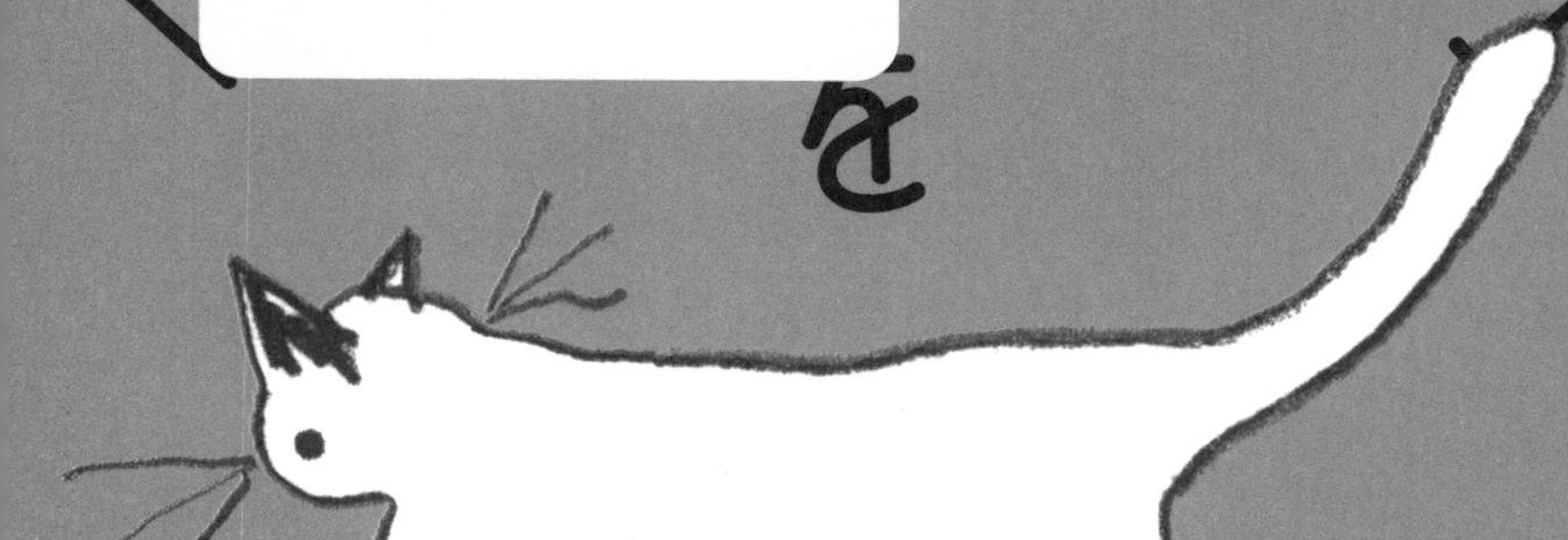

解きほぐす

寝子
心理カウンセラー

KADOKAWA

はじめに——親に対するしんどさは〝大切な気持ち〟の宝庫

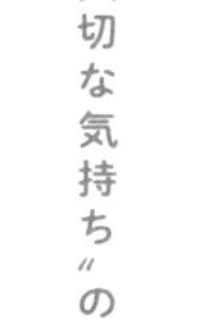

「毒親」「機能不全家庭」という言葉が広まっているように、「親」が子どもにもたらす影響の重さが注目されています。

明白に毒親だと捉えられる場合もある一方で、「毒親というほどではないけど……」「そこまでは思わないけれど、最近ちょっと親と関わるのがしんどい……」という白黒つけられない気持ちや、親との距離感にモヤモヤを抱えている方々はとても多いように感じています。

「あまり関わらないようにと思っても、親から連絡があると飛んでいかなきゃと思ってしまう」とうまく距離が取れずに疲れを溜めていたり、「優しく接したいのにイライラしてきつい態度をとってしまう」と自己嫌悪を重ねていたり……。

このような親に関わるストレスは、気軽に人に話せるものではありません。また、話せたとしても理解してもらえないことが多いため、しんどさが増していくばかりで悩みを深めていってしまうことがたくさんあるように感じます。

このようなとき、「どうしたらいいだろう？」と考えますよね。

悩みに対する答えは人それぞれで、決まった答えがあるわけではありません。それゆえ、「親なんだから大切にしないと」「もう縁を切ればいい」などの他者からの〝決められた答え〟がご自身には助けにならず、かえってストレスが増してしまった……というご経験をされたことがあるのではないでしょうか？

一方で、ご自身なりにその都度なんらかの答えを出して、行動に移していかざるを得ないものでもあるかと思います。

私はこの〝自分なりの答え〟を出すときにとても大切になる要素が、「自分を理解する」ことだと感じています。

自分が何を感じ、どう考え、どのような体験をしたのか。それをできるだけ適切に知ることが、ご自身に合った〝答え〟を出すときの、この上ない手掛かりになります。

そして何よりも、自分の気持ちに気づき理解することは、「今のしんどさ」を軽くすることに直結します。

自分の気持ちというと、「好きか嫌いか」や「やりたいかやりたくないか」など、1つに考えがちです。しかし実際は、「好きでも嫌いでもある」であったり、「やってみたい気持ちもあるけど、やれば傷つくかもしれないからできない」であったり、いくつかの気持ちが同時に存在していることがほとんどです。

親に対するストレスに関しても、ネガティブな側面に意識が向きがちですが、その「親へのしんどさ」の奥にはポジティブな気持ちやご自身の意志、大切にしたいことが含まれています。

たとえば、親へのモヤモヤは、親から精神的にも物理的にも少なからず自立したというご自身の変化の証です。

つまり、自分の人生をしっかり歩んでいるからこそ生じるストレスであると言えます。大人になった今だからこそ感じられるようになった「しんどさ」であり、きっと大切な意味があるはずです。

さらに、親とのことに悩むというのは、「自分のネガティブな感情と向き合うことができる」という思考力と強さがある証です。何より、親との関わりに悩んでいることそのものが、「本来は優しく穏やかにいたい」という、思いやりあってこそのお悩みであると感じます。

このように、親に対するしんどさはご自身にとって〝大切な気持ち〟の宝庫なのかもしれないのです。

不快感などの負の感情と共に、ほかにも存在するご自身の気持ちを見つけてあげられると、「自分で自分がわからないモヤモヤ」が晴れて視界が広がり、今までとは違う視野で物事を見ることができるようになります。

加えて、対症療法ではなく原因から知ることで、ご自身の選択肢を広げることができるのです。

そのため、本書では、ご自身を丁寧に知っていくために、子どものころの心理から紐解いていき、大人になった今の理解まで深め、気持ちの抱え方も含めた具体的な対処法につなげていきます。

あなたが、ご自身の気持ちを的確に見つけていくお手伝いができれば幸いです。

心理カウンセラー　**寝子**

Contents

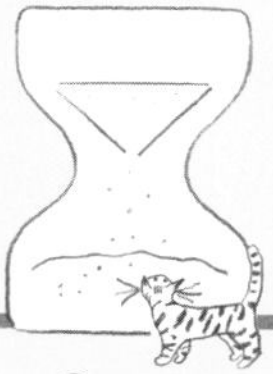

第2章 子どもの頃から続く〝我慢〟に気づく

第3章

「大人になった今」の〝揺れ〟を紐解く

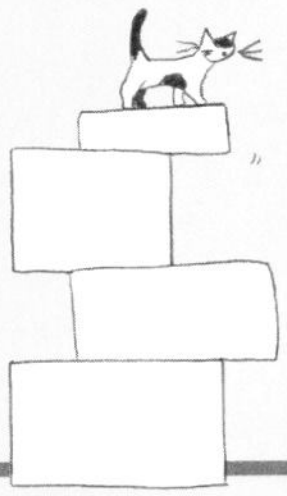

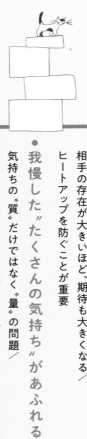

第4章

「親の言動のワケ」を知ることでモヤモヤを晴らす

第5章 「こうしなきゃいけない」の呪いを解く

第6章 「親がしんどい」を軽くする対処法

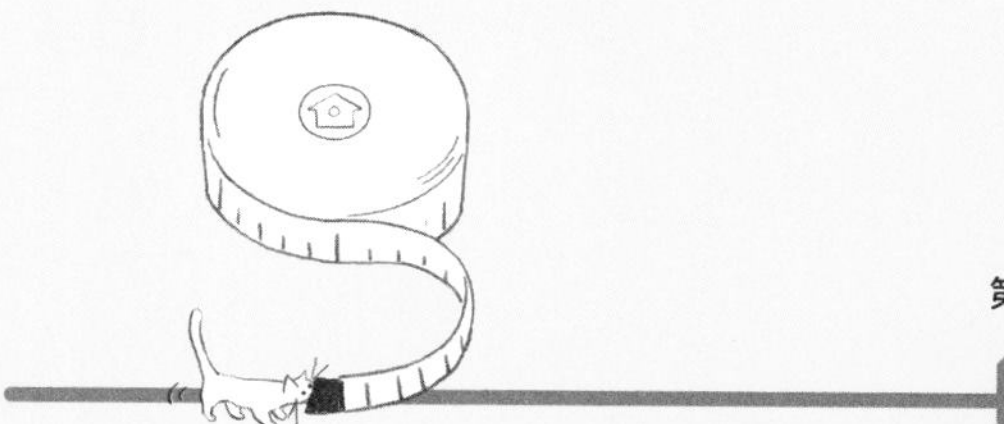

※なお、本書ではいくつかの事例が出てきますが、これらは実際のケースにヒントを得て再構成したもので、特定のケースとは無関係です。

第 1 章

「親がしんどい」の根っこを紐解く

子どものころに起きていた心の状態

親に対するしんどい気持ちは軽くしたいですよね。そのため、「このモヤモヤをなくすにはどうしたらいいだろう？」と悪いもののように捉え、追い払おうと行動したくなります。

けれど、感情や感覚は、なくそうとすればするほど強まってしまうものです。

その気持ちがどこからきて、今何を知らせているのかを的確に捉えることこそ、抱えているしんどさを解きほぐし、ご自身を深く癒すことにつながります。

つまり、ご自身のモヤモヤの正体を知ると癒しが始まることが多いのです。

そこで、親との間に起きる自分の感情に気づき、さらには癒しにつなげていくために、少し過去に遡ってみましょう。

私たちは、さまざまなことを過去から学び、今の自分を作っています。そういう観点では、親という存在の影響はとても大きいものです。

今の自分の感情に気づこうというとき、子どものころの自分と親との関わりに、たくさんのヒントを見つけることができます。

私たちが子どもだったころ、どのような心理作用が起きていたのか、紐解いていきたいと思います。

感情は親からの関わりによって耕されていく

成長の過程で、身体が発達していくように、感情も発達していきます。

私たちの感情は「快か不快か」といった未分化な状態から、「嬉しい」「楽しい」「悲しい」など、さまざまな心理状態を体験できるように豊かになっていくのです。

このように感情が耕されるためには、親からの関わりで〝安心感〟を得ながら、親を通して自分の感情を知っていく過程を経ることが必要になります。

子どもの健全な発達のためには、「養育者が子どもに合わせながら調子を整えてあげることを繰り返していく過程」が非常に重要であるとされています。

具体的には、「ぐずっている子を親が抱っこしてなだめる」といった身体的な調整から、「怖かったね」「どう思う?」などの気持ちの言語化を助けるものまで、感情は〝聞かれて〟〝呼応されて〟耕されていきます。

そのような体験の積み重ねによって、私たちは自分で自分の気持ちが理解できるようになっていきます。そして、**お互いに感情が伝わり合う**からこそ、親の優しさや温かさが子どもを落ち着かせることになります。

親の感情は子どもに移る

一方で、親が子どもに合わせるのではなく、**子どもが親に合わせる**という作用も起きます。

親が子どもの状態を本人以上に心配することがあることと同じように、親の心の状態が子どもに伝播《でんぱ》することも多々生じています。

親が悲しそうにしていたら、子どもは親以上にいたたまれない気持ちになったり、親が誰かに怒っていたら、その対象を子どもも嫌ったりするようになります。程度の差はあれ、私たちは成長過程で親と感情を共にするものです。

そのような一心同体の状態から、子どもの成長と共に、子ども側だけでなく親側も「相手の気持ちや思考は自分とは別のもの」と区別していけるようになっていきます。

「子が親に合わせる」という役割の逆転現象

「子どもの調子に親が合わせる」という働きかけが家庭の基盤となっていることが大切です。しかしながら、親が子どもの気持ちにお構いなしに自分の気持ちを爆発させていたり、子どもの心身の具合にほとんど関心を払わなかったりという状況であった……ということが少なくありません。

このような環境では、親が子どもの調子に合わせるより、「子どもが親に合わせることのほうが日常であった」という親子の役割が逆転した状態になっていたと言えます。

このような環境であると、子ども側は心に傷を負ってしまいます。それは、大人の負の感情は、子どもが抱えきれるものではないからです。

そのため、親が不機嫌であるなど、負の感情を子どもに向けることが多かったら、親自身が感じている以上に子どもには脅威として響きます。時には、子ども側の健康を損なってしまうこともあるほどです。

それでも、選択肢のない子どもは、懸命に親に適応するために「合わせよう」とし、子どもは自分のことより親の悲しさや不機嫌さを受け止めて、親のために対処する日々を重ねていきます。

子どものころ自分の気持ちを感じる余地を与えられないまま、親のストレスに心を痛める日々を過ごすと、大人になってふと気づくと「自分の気持ちはよくわからないけれど、親の気持ちばかり考えている」という心情につながっていることがあります。

こうなると、いざ親から距離を取ろうと思っても、親の心中を思うとあまりに心が痛み、上手に距離を取れなくなることがあります。

今の〝心の痛み〟は子どものころのもの

大人になった今でも、このような親の心情をおもんぱかるときに起きる〝心の痛み〟があったら、「親のつらさが想像されて苦しい」と捉えるのはやめてみましょう。

代わりに、「まだ子どもだったころに、大人である親の気持ちまで受け止めていたのだ。それは子どもが負うにはあまりに負担が大きかったから、今でも似たような状況になると当時の自分が蘇るのかも」と受け止めてみてください。

つまり、親の痛みに意識を向けるのではなく、今まさに心が痛んでいる自分に思いを寄せてみるのです。

今のご自身の〝心の痛み〟は、親の痛みを正しく反映しているものではなく、「子どものころの自分が受けた衝撃の強さ」です。

だからこそ、自分自身を思いやってあげることが大切になります。

今の自分が癒すべきはきっと、親ではなく、あなた自身であるはずです。

誰かのつらさや悲しさに直面したら、共感性があればご自身も同じようにつらく悲しい思いになることは当然の反応です。

ただ、その当然の反応をそのままにできずに「親のために何かしないと」となることで、「自分の課題ではない」とうまく区別できなくなるのが親子関係の特徴の1つです。このような〝無意識の巻き込まれ〟に気づいていきましょう。

意識することができたら、「子ども時代に〝親の心の痛み〟に敏感に傷ついていたのかも」「今でも〝助けなきゃ〟と思ってしまうのだ」「ある程度共感するのは自然なこと」などと、ご自身について詳しく知っていくことができます。

それだけで、ご自身の苦しみを和らげていくことにつながります。

▼子どものころ、抱えきれないほど親の気持ちを受け止めていた。
▼大人になった今、親ではなく〝自分の心の痛み〟を癒していい。
▼あなたの思いやりは自分自身に向ける。

子どもは生きるために親を好きになる

親も含めた「家族」というものは、子どもにとっては絶対的な存在であり、未熟さと強固なつながりとを併せ持つ特殊な組織です。その中で、子ども時代は自覚している以上に立場が弱く、生きるためには親からの助けが必要です。大げさではなく、親は子どもの命を握り、生活を牛耳っています。

「親が好き」は生きるための対処

私たちは頭で意識している以上に、生きものとして生き残りに敏感にできています。

そのうえで、人間はほかの生きものと違って、食べ物や住居といった物理的なものだけ揃えば生きていけるわけではありません。**私たち人間は、「人と温かい関係**

性を結ぶ」という情緒的なつながりが、健全に生きるために必要不可欠であると指摘されています。

そのことを、大人よりも無意識に察知しているのは、子どもなのだと思います。

親と情緒的な絆を結ぶことは、子どもにとって命に関わる大問題です。

そのため、客観的に見たら酷い親であったとしても、子どもはある程度の年齢になるまでは親を好きになり、認められようとがんばります。

そうすることが〝安全〟につながり、日々を生き抜く力になるからです。

親にしっかり愛されている子どもに比べて、虐待されていたり、親に安心できず愛されていると感じられなかったりする子どものほうが、より親に好意を持ち、親と良い関係を結ぼうと努力する傾向があります。そうすることでその家庭に適応しようとする子どもの能力なのでしょう。

つまり、子どものころは親への批判的な思いを抱く自由すらなかったのかもしれないのです。

そのため、親に対してネガティブな感情を抱くようになったなら、「やっとそう思える段階にたどり着けた」と捉えられることがほとんどです。

「昔は好きだったのに、今は親がストレスになっている」としたら、親の助けが必要な時期は、彼らとできる限り友好的な関係性を結ぶように尽力していたのでしょう。そうして今、親から離れても生きていけるようになったら、親の未熟さを認識するようになり、自分に合った生活を選ぶことができている証だと言えます。

今の〝思考の癖〟は過去のもの

子どもは生き残るために親を好きになり、「親に合わせよう」として、親のことを考え続けるという思考になっていきます。これは意外なほど〝思考の癖〟として強化されていることが珍しくありません。

子どものころは、自分のすべてを親にゆだねるしかありません。そのため、最高権力者である親のことを考えることは、安全の確保と危険の察知のために不可欠なので適応的な反応です。ただ、その〝思考の癖〟が大人になっても抜けないままであると、苦しみの原因になっていることがあります。

今の自分の〝思考傾向〟は、子どものときに必要だった習慣がそのまま受け継がれている可能性が高いと言えます。〝思考の癖〟は、そう簡単には抜けません。

けれども、意識すれば少しずつ確実に変えていくことができます。

初めは、どんなに自分の好きなようにと思っても、「親の意見が気になる」「親を悲しませたくない」と自分を優先できない息苦しさを抱えることと思います。

そのようなときは、どうか「親を気にしているのは子どものころの自分であって、今の自分ではない」と考えてみてください。

「親のことを考えてしまうのは癖かもしれない」と気づき、「今はもうそこまで考えなくていい」と見直していけると、今のご自身に適した対策を作っていけます。


今のあなたは自由です。

あなたの人生をコントロールするのは、もう親ではありません。

どうか、「もう自分で決めて大丈夫になったんだよ」と優しい言葉をご自身にかけてあげてほしいと思います。

▼「親が好きだった」のは、自分が生き残るため。
▼今の〝思考の癖〟は、これから変えていける。
▼今の人生は、自分自身で決めていい。

親への感情は〝葛藤〟がつきもの

親という存在は、さまざまな感情の源であり、それだけに複雑な反応にもつながっていきます。

親との交流は、初めての感情体験の連続と捉えることができますが、必ずしも「嬉しい」「嫌だ」というような一種類の感情を抱くわけではありません。

「大好きだけど嫌い」であったり、「甘えたいのに一人でいなきゃいけない」であったり、「好かれたいけど苦しい」であったり、複数の矛盾した感情や状況を経験することが多いのが実際です。

子どもは〝葛藤〟をなかったことにして適応する

複数の矛盾した感情を経験することは当然の反応なのですが、「葛藤状態を抱える」というのは、子どもにとってはかなりの負担になると考えられています。
子どものときは、〝葛藤〟は許容範囲を超えた〝混乱〟になってしまうのです。そのため、その場は無意識に葛藤をなかったことにして適応します。

しかし、そのときに、「本当は存在したけれど意識から外した気持ち」は、消化しきれずに残されたままになります。

私たちの感情は不思議なもので、持ち主である自分に気づいてもらえないうちは、その存在を不快感として主張し続けるのです。そのため、その気持ちは大人になってから親に関する何かのきっかけで、強いイライラや焦り、不快なモヤモヤになって表れます。

大人になっている今、ご自身が親と接するときに「どうも不安定になることがあるな」と思ったら、「その不安定さには、いくつかの気持ちが隠されているのかも」と意識を向けてあげられると、かつてのご自身の気持ちが報われることがあります。

ここでは、代表的な〝葛藤状態〟を取り上げて、それが私たちにどのように影響しているのかを考えていきます。

「わかってほしい」「わかってくれなくてもいい」

子どもが一番わかってほしい相手は、親であることがほとんどです。

「わかってほしい」は「認めてほしい」ことでもあります。自分の保護者である親に自分のことをわかってもらえるということは、安心と安全が得られ、自己肯定感も育っていくことにつながります。

一方で、期待して望んでいるからこそ、「わかってくれなかった」ときの傷は深いものになってしまいます。そのため、子どもながらにもう傷つかないように、「わかってくれなくてもいい」と期待しないよう試みる場合があります。

「わかってほしい」という気持ちと、「わかってくれないのだから諦めるしかない」という子どものころの気持ちが癒しきれずにいると、大人になってから他者に対して「自分のすべてをわかってほしい」と熱望したり、逆に「どうせ誰もわかってくれない」と孤独感を強めてしまったりするなど、極端な揺れをたびたび抱えることがあります。

一般的な対人関係では大丈夫であったとしても、その葛藤の原因となった親に対しては、ときおり葛藤部分が刺激されて言動として表れることもあります。

時には、親に認めてほしかった気持ちが出て、「言っても嫌な気持ちになるだけだとわかっているはずなのに、自分の気持ちを強く言ってしまった」であったり、「言ってもどうせわかってくれないのだから」と不機嫌に黙ったまま、投げやりな会話になってしまったり……。

こうして親に話しても話さなくても、過去の葛藤から生じている「わかってほしい」「わかってくれなくていい」それぞれの気持ちが「また裏切られた」ような思いを繰り返すことになってしまいます。

矛盾する気持ちの両方を大切にする

最も大切なことは、子どものときに「わかってほしい」気持ちと「期待すると傷つくから諦める」という気持ちの両方があったことに気づいてあげることです。

葛藤を抱えたしんどさに共感しながら、「〝わかってほしい〟気持ちも、〝どうせわかってくれない〟という気持ちも、どちらも置かれた状況に適応するために必要な思いだった」と、両方の気持ちをおかしいものではなく、理にかなったものであったと理解していきましょう。

矛盾していると捉えるのではなく、「〝仲良くしたい〟思いもあったし、〝一人でやらなきゃ〟という状況もたくさんあったな」という感じに、「どれも自分に必要なものだった」と考えてみるのです。

当時の自分の気持ちを、今の自分がしっかり受け取ってあげられるようにすることが大切です。

▼気持ちは、持ち主である自分自身に気づいてほしい。
▼親に対する「不安定さ」には、いくつかの気持ちが隠されている。
▼親への矛盾する気持ちは両方とも大切。

一番近しい人への「親しみ」と「怒り」「不信」「不安」

子ども時代は、親次第で事態が決定されます。

そして、対人関係のベースとなるのも親との関わりです。

そのため、親との関係で「楽しみにしていた約束を破られることが何度もあった」「困ったときに頼っても聞いてもらえなかった」というような体験を重ねると、「人に期待しても傷つくだけ」と心に刻まれて、親以外の対人関係においても同様の思いを抱くことがあります。

加えて、そのときの怒りや傷は、どんなに納得できなくても子どもにはどうしようもないため、飲み込むしかありません。結果として、傷は消化されないまま、大人になるまで持ち越されるという状態が多々生じます。

親への不快感があるのは無理もない

この癒されなかった心の傷が大人になって親と関わるときに刺激されることで、些細なことでも強い怒りが喚起されたり、親のちょっとした一言にも深く傷ついてしまったりといった反応を起こします。

そのため、ただでさえ負担になっている親との交流が、さらに不安定でストレスフルになってしまいます。

このような場合、親と関わるときはあらかじめ「怒りや不信や不快感などを伴ってしまうのは当然なのだ。それだけ、子どものころに傷ついてもなかったことにして適応したのだ」と心に留めておけると、ご自身の感情の揺れに対してさらに動揺することを防げるようになっていけます。

もし、あまりに不快感が刺激されるのであれば、親と関わる頻度を減らすなどの具体的な対処が必要になるでしょう。

優しく傷を覆うようにご自身を守る対処を考えられると、痛みがだんだん和らいでいくように思います。

一番近しい人＝傷つけてくる人

改めて、子どもにとっての親は一番近い存在で最重要人物です。

そのため、**親は幸せや喜びを与えてくれる存在であった反面、〝最も傷つけてくる人〟**であったということが少なくありません。

親に傷つけられたという程度が重くて頻繁であると、〝一番近しい人は傷つけてくる人〟という矛盾した世界観、子どもが抱えるには重過ぎる体験を重ねていくことになります。

子ども時代にこのような経験を重ねた結果、大人になっても親と関わるときに、

「親しみ」と共に「不安」や「怖さ」といった負の感情も一連となって反応を起こすため、落ち着かない心境に悩むことがあります。

一番近しい人は、本来安心できる人である必要があります。しかし傷つけてくるのであれば、「戦うか逃げるか」という自分の身を守る行動をとらなくてはいけません。これは正反対の反応を同時に起こすことになりますので、行動はどうしても不安定になります。

時にはすごく親しげに自ら積極的に親と関わったり、またある時には強烈に嫌悪感を強めて距離を置いたりするなど、ご自身でも親に対してどう接したいのかがわからなくなることがあります。

そして、どう接してもスッキリせず、言いようのないストレスを抱え続けてしまう状態が見受けられます。

このようなモヤモヤに心当たりがあったら、「子ども時代の自分にとって、親は最も近くて親しい人だったけれど、誰よりも傷つけてくる人でもあったことから生じている」と気づけると、気持ちの整理の助けになります。

そして、強い負の感情の理由を理解することで、これまでよりも自分の反応を恐れずに済むようになっていけます。

▼親への親しみと同時に、不快な感情を抱くのも自然なこと。
▼気持ちが不安定になる背景には、「一番近しい人＝傷つけてくる人」という子ども時代の経験があるのかもしれない。
▼今の不快感は、子どものころの〝心の痛み〟だと気づく。

親の「役に立たなければ」親に「関わると傷つく」

これまでも触れてきた通り、子どもにとって親は、関わることが必要不可欠だけれど、関わることで深い傷にもなり得る存在です。

そのため、家庭で居場所を得るために「役に立たなければ」とがんばる部分と、「関わると傷つくから距離を置かないと」と避けようとする部分が葛藤します。

このどちらも両立しようとした結果、「できるだけ短時間で一度に多くのことをやってあげないと」という反応になることがあります。

具体的には、「久しぶりに会う土曜日には買い出しに付き合って、スマホとパソコンの設定を直してあげて、家の修繕業者の手配もして、好物の料理を作ってあげないと……」といった感じです。

ご自身は平日働いてクタクタなのに、親と会う日はさらに忙しく親の要望をその日のうちにできるだけやってあげようとします。

親と関わるときの〝焦り〟の正体を知る

こうした行動が良い悪いということではなく、「役に立たないと」という気持ちと「あまり何度も関わると傷つくから接触を少なくしないと」という気持ちが葛藤し、どちらも両立させた結果の反応であると気づくことに意味があります。

「いつもどうしてだか〝たくさんのことをしなくては〟と焦って疲れてしまう」ことに心当たりがあったら、役に立ちたいという健気な自分と、自分を守ろうとするしっかりした自分がいて、どちらの気持ちも大切であると思うだけで、ご自身にとって良い方向に流れを変えていけるきっかけになります。

このメカニズムに気づくことができると、不必要に強くなっていた〝切迫した焦り〃は落ち着く傾向があります。

さらに、ご自身の行動量を調整できるようになるため、無理をして溜めていた疲労を重ねずに済みます。

また、親と会うまでの心境も、当日の負担を考えると憂鬱さに拍車がかかっていた日々から、少し気楽に構えられるようになるでしょう。そうすれば、日々のストレスの軽減につながります。

▼「親の役に立たないと」という気持ちに気づく。
▼「傷つくから離れないと」という気持ちに気づく。
▼「どちらも大切な気持ち」と受け止めてあげる。

親子関係が及ぼす対人関係への影響

この章の最後に、親との間に起きた複数の感情が対人関係に及ぼす影響について触れたいと思います。

私たちの心身の反応の中には、ある心境や状況になったとき、過去の似た状況時に生じた反応が伴うという心理作用があります。

たとえば、「親がいついなくなるかわからない」という不安を常に抱いていたら、大人になってから築いた対人関係で、大事な人にほど「見捨てられるのではないか」という不安が強く感じられ、気持ちの不安定さに悩むことがあります。

子どものころの親子関係に近い、特別な関係である相手に対して、「好意」と共に「恐怖心」や「怒り」「不安」が喚起されるという心理作用です。

友人やパートナー、配偶者といった特別に親しい人に対して、子どものときに親に感じた怒りや不信感などが同時に生じることがポイントになります。

もし、そのような特別に親しい人に対して、うまく説明のつかない強い不安や怒りが生じることがあったら、その由来は〝過去〟であり、今のご自身やパートナーのせいではないと捉えてみることが必要です。

対人関係で苦しい感情を抱くことがあったら、「子どものころに手当てができなかった心の傷が、〝手当てしてほしい〟と訴えているのかもしれない」と受け止めてみましょう。

今は大人になったご自身が子どものころの自分を癒すイメージを持てると、今の心の状態を少し俯瞰できるようになります。そうすると、強い感情に圧倒され過ぎずに付き合っていけるようになることがあります。

関わると傷つく人に注意を向けてしまう理由

幼少期の親との関係で傷ついたり不安になったりすることが多かった場合、「親密な対人関係は危険を伴うもの」と学習され、親以外の他者との関わりに苦しみを伴ってしまうことがあります。

この学習が、大人になってから対人関係で苦しみを生じさせる代表的なものとして、関わると傷つくような人ほど気になって、機嫌を取ることにエネルギーを費やしてしまうことが挙げられます。

子どものころ、少なからず「一番親しい人は傷つけてくる人」という体験をしたら、それは「人との関わりは危険でもある」と刻まれても無理もないことです。同時に、危険を未然に防ごうと、常に誰かの機嫌をうかがうようになったとしてもおかしくありません。

そうすることで、懸命にご自身を守ってきたのだと思います。
その習慣が大人になってからも引き継がれ、不機嫌な人にどうしても関心が向き続け、その人の機嫌を取ったりするなど、ご自身が傷つく相手ほどエネルギーを注いでいる場合が少なくありません。

現在の対人関係で、不安になる相手や不機嫌な相手ばかりに気を遣っていないか考えてみましょう。もし心当たりがあったら、まずその傾向に気づいてあげることが大切です。

一方で、安心できる人や信頼できる人に対して、自ら関わっていっているかどうかも一緒に振り返ってみてください。

自分の傾向に気づくことができたら、本当はストレスになるだけの人に向けていた関心を、安心できる人や信頼できる人へ徐々に向けていきましょう。

そして、安心できる人たちとの関わりを増やす方向へと行動することができたら、対人関係の在り方が変わっていくと思います。

▼親しい人への不安感は、過去の親子関係が由来かもしれない。
▼今の自分やパートナーに原因があるわけではない。
▼嫌な人に注いでいるエネルギーを、好きな人たちに向けていく。

Case 1

夫にときどき感情を爆発させてしまうAさん

Aさんの父親は「子どもは厳しく躾《しつ》ける」という教育方針を徹底していました。そのため、Aさんの気持ちに寄り添うことはほとんどなく、Aさんにとって嫌なことがあっても「お前が悪い」と言い続けてきました。

Aさんはずっと「寂しかった」と心が満たされない思いを抱え、「親にわかってほしい気持ちを諦められない」と語られました。

それでもAさんは日々を明るく乗り切り、職場で出会った人と結婚することになります。パートナーとなった人は、とても穏やかで優しい人でした。

新しい家庭は順調に思えました。ところが、結婚後、Aさんの情緒が不安定になることがときどき起こるようになります。

きっかけは些細なことです。夫が話を聞いてくれなかったとか、夫の帰りが遅くて一人の時間が長かったですとか……。

このような、日常に起きる些細なことにＡさんは非常に動揺し、時には物を壊すほど怒ったり、強い不安感に見舞われて居ても立ってもいられなくなったりすることを繰り返しました。

Ａさんは外ではそんな動揺は決してしませんし、夫以外の他者に対しては怒ることはなく、いつも穏やかに優しく接する人なのです。

だからこそ、家庭内でのＡさんの急変は、夫もＡさんもどうしていいかわからず、混乱してしまいました。

加えて、Ａさんの衝動は意思で止まるようなものではありませんでした。

そのため、Ａさんはカウンセリングを受けることにしたのです。

カウンセリングを受ける中で、「夫に感じる怒りや不安は、小さいころに親に感じた感情で、当時はしっかり認知できなかったために今になって出ている」ということを聞いたとき、Aさんの目からなぜか涙があふれ出ました。

「どうして泣いているかわからないけれど、確かに子どものころの怒りや不安や寂しさがある……」と、流れる涙のワケにそっと寄り添うようにしばらく泣き続けられたのです。

このAさんの反応は、一種のフラッシュバックと捉えることができます。

フラッシュバックとはトラウマの症状として、「過去の体験が今まさに起きているかのように蘇ってくる」ものであり、映像に限らず、思考や身体感覚、感情として起きることが非常に多い現象です。

Aさんの場合、親に対してかつて抱きながら消化されなかった思いが、夫という親と同じような「特別に親しい人」というトリガーによって触発された……と解釈

できます。「夫に話を聞いてもらえなかった」「一人の時間が長かった」というような寂しさや不安を感じたとき、〝今のAさん〟ではなく、〝子ども時代の傷〟が刺激され、強い衝動となって表れたのです。

このような場合の、最も大切なポイントは3つです。

1つは、今のAさんや夫が直接的な問題ではないと理解すること。2つ目は、Aさんも夫も、自分自身やお互いを責めないように気をつけることです。そして3つ目は、「昔の心の傷の痛みを、今、出すことができるようになった」と知るということです。

今の何かが原因なのではありません。過去の傷が痛んでいるのです。そのため、手当てすべきは〝かつての自分〟になります。

Aさんはパートナーの方と共に安全なところに居られるようになったからこそ、過去の痛みを出すことができ始めたのです。

Aさんと夫はそのことを理解し、一緒に対処していこうと話し合いました。

Aさんは、「自分が自分ではない」ような強い感情に見舞われたら、「呼吸法を実践する」「バタフライハグや手足をバタバタさせるなど、身体感覚に注意を向ける」など、フラッシュバックへの対処を習得しました（バタフライハグとは、両腕を胸の前でクロスさせ、自分を両腕でハグするように包みこみながら、手で左右の胸から肩のあたりを優しくたたくことです）。

夫は自分のふとした態度がAさんのトラウマを刺激することを知り、言い方や連絡頻度などに気をつけるよう努めました。

回数は減ったものの、今でも稀にAさんが感情をコントロールできないことがあります。けれど、Aさんは「感情的に夫に怒ってしまっても後できちんと謝ればいい」と自分を許すことができ、「甘えることが許される」ことを実感できるようになっていきました。それによってAさんは、「ずいぶんと安心できるようになりました」と、以前よりも心が軽くなって日々を過ごせるようになったそうです。

第2章

子どもの頃から続く“我慢”に気づく

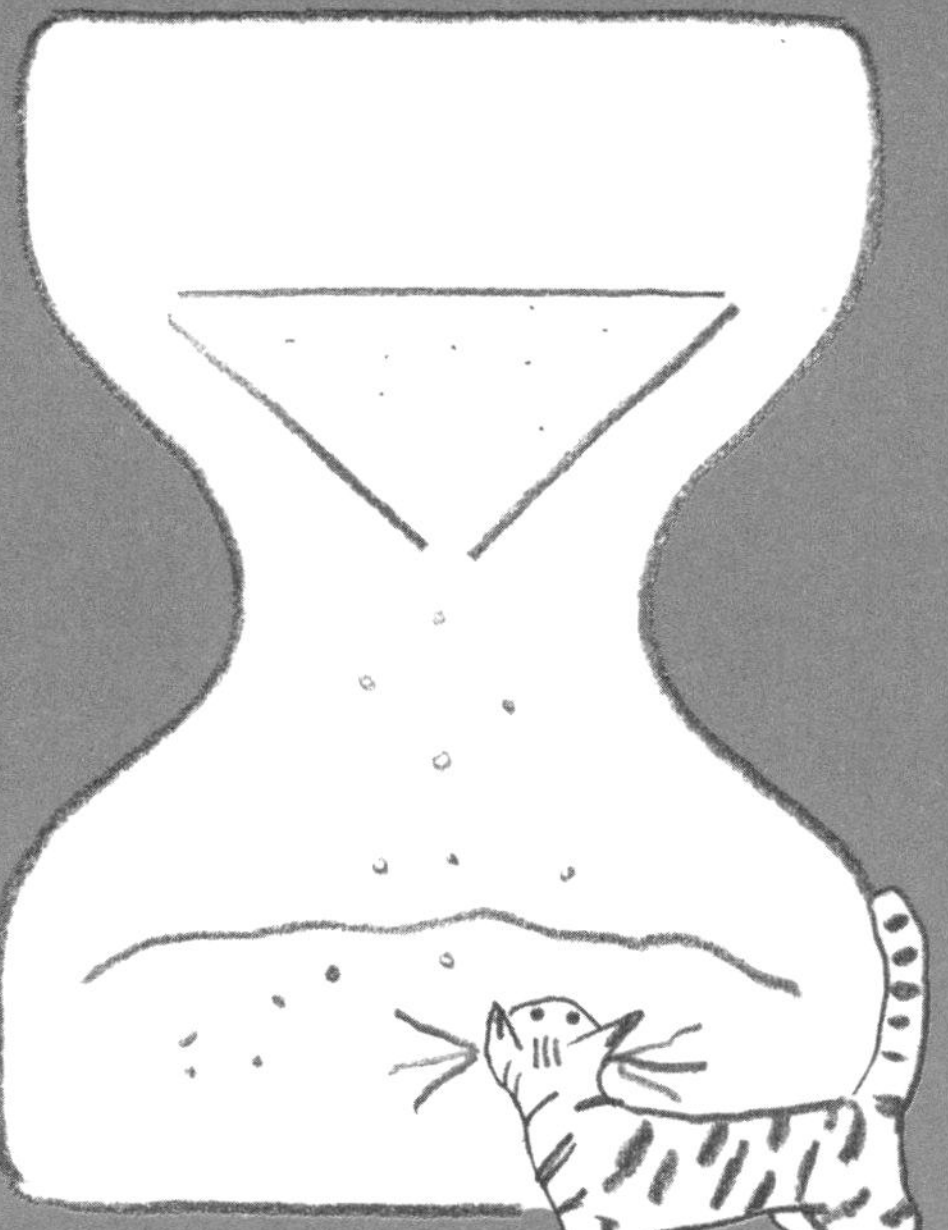

〝我慢〟という適応策

親との関係で生じるストレスに悩んでいる場合のほとんどは、慢性的な〝我慢〟が根っこにあるように感じます。

我慢は決して悪いことではありません。我慢しなければいいという単純なことでもありませんよね。

ただ、我慢されている方ほど「もっと我慢しなきゃ」「自分勝手なのでは」と、ご自身の我慢の程度を軽く見積もっている傾向が強いです。そのため、行動の選択の自由が得られにくくなっていることがあります。

ここでは、我慢が生じるメカニズムと、ご自身への影響について整理することで、今はもう〝しなくてもいい我慢〟に気づくきっかけになれたらと思います。

子ども時代は〝我慢〟しかなかった

子ども時代は、自分に決定権がありません。そのため、〝我慢するしか選択肢がなかった〟ことが非常に多いものです。

自分の気持ちや意思がまだはっきりしていない幼少期という時期に、「親に合わせていた」「親に迷惑をかけないようにしていた」という我慢が続くと、その状態が通常なのだと認識するようになります。我慢しない状態と、我慢している状態がわからなくなるのです。

人は、本来抱えている感情や欲求に気づいていないと、〝我慢している〟とは自覚できません。

加えて、子どもは生きるために「親に認められたい」「親に好かれたい」という思いを本能的に抱きます。そのため、親に合わせざるを得ないという消極的な反応だけでなく、「親を喜ばせよう」「親が悲しむから黙っていよう」などという積極的な反応としても自分を律するようになりがちです。

この「親に合わせなくては」という無意識に強化されたパターンが大人になっても継続され、親の望みを断ることに強い罪悪感を抱いてしまうことがあります。

自分は二の次になる

我慢して親に合わせる傾向が強いと、自分の気持ちより「親が何を望んでいるか」を考えるようになります。そうすると、自分の気持ちを感じて信じることは「慣れていない状態」につながっていきます。

「不慣れさ」は「怖さ」も連れてくるため、かすかに感じる自分の気持ちを疑ってしまうようになり、尚更我慢という「慣れていること」が強化されていきます。そうして、**人の機嫌や場の空気は敏感に察知できる一方で、自分の気持ちは考えても**

はっきりわからず、二の次になっていきます。

そうなりますと、かなりの我慢をしていてもご自身にとっては通常運転になっているため、早めに我慢に気づくことが難しくなります。そのため、ご自身のＳＯＳアラームが鳴るのは限界を超えてから……ということが起きます。

結果として、体調不良を抱えていても休まずがんばったり、我慢が外に出たときには爆発するようにイライラして自己嫌悪が重なってしまったり……など、ご自身がしんどい状態になってしまいます。

「甘えでは」と思う時点で充分に我慢している

このような傾向に心当たりがあったら、ぜひ心に留めておいてほしいことがあります。それは、「甘えなのではないか」「我慢が足りないのでは」「もっとつらい人もいるんだから」と思ったら、それは既に充分に我慢している証だということです。

そう考えるということは、ご自身の中に「甘えてはいけない」「我慢しないと」という行動規範を持っていらっしゃるということであるからです。

このように考える方は、常日頃から自分勝手な行動はとっていないはずです。もし自分を出すとしても、それはとても大事なことに対してであったり、我慢の限界を超えたからであったりといった、〝我慢を続けてはいけない〟事態が起こっているときです。

ご自身のサインをしっかりと拾い、大事にしてあげましょう。

自分の気持ちを優先せず、人に合わせること自体が悪いわけでは決してありません。むしろ、子どものときにご自身の感覚や感情を抑えて適応したという能力の高さであり、強さでもあります。

だからこそ、大人になった今、ご自身の感覚は自分にとっての真実であるとしてしっかり拾ってあげていけたら、鬼に金棒なのではないかと思います。

▼子どものころから続く慢性的な〝我慢〟に気づく。

▼「我慢しなくては」と思う時点で、あなたは充分我慢している。

▼自分の自然な感覚を信じてみる。

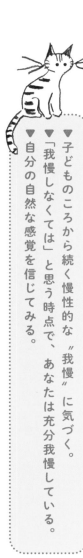

ポジティブな体験への抵抗感は過去の経験から

「いたずらをして怒られた」というようなわかりやすい体験よりも、「楽しいことや嬉しいことを否定された」ことに対するショックのほうが心に深く残る傾向があります。

「学校で褒められたことを報告したら、〝調子に乗るな〟と怒られた」「面白くてハマっているゲームのことを話したら、〝そんなことの何が楽しいの?〟と嘲笑された」などなど……。

こういったポジティブな感情を否定された経験は、「喜んだ自分が恥ずかしい」という羞恥心を連れてきてしまうため、意外なほどに深い心の傷となっていることがあります。

「楽しいことや嬉しいことを大事にするのは、悪いことなんだ」「楽しいことより、嫌なことをがんばらないといけない」という思考になっていると、親に対しても我慢を重ねていってしまいます。

「しなくては」を疑ってみる

もし、「楽をしてはいけない」「嫌でもやらないと」という気持ちが強くてストレスを溜めていたら、その価値観を疑ってみましょう。

そして、「楽しかったり嬉しかったりした体験を、否定されたことがあったかもしれない」と、ご自身の我慢を強化した由来に少し思いを馳せてみてください。

本来、楽しいと思うことを存分に楽しむことは素晴らしいことです。

そして、大人になった今、自分のつらさを少しでも軽くしようと試みることは、適切なストレスマネージメントでもあります。

「楽しいのは悪いこと」と過去に教えられてしまっていたら、思い切ってその考えから抜け出してみると、今まで気づいていなかった「自分がやりたいこと」「楽しいこと」「居心地が良い場所」が見つけられるかもしれません。

▼ポジティブな体験への抵抗感は、過去の経験に由来する。
▼「楽しいのは悪いこと」という呪いから抜け出す。
▼「楽しいこと」「嬉しいこと」は大事にしていい。

〝がんばる〟とは「嫌なことへ立ち向かう」という誤解

自分の気持ちの中でも、「本当はやりたくない」という気持ちを知ることは意外にも難しいものです。

どうしてかと言いますと、明らかに嫌々やっていると、周囲の人に怒られたり嫌われたりする確率が上がります。最悪の場合、酷い攻撃を受けるかもしれません。

このようなリスクがあるので、嫌々やっても許されるという安心感が持てるときでないと、そうはできないものですよね。

そのため、本当はやりたくないことでも、それを態度に出していないことが多いものです。そうすると、「やりたくないけどやっている」ことは気づきにくいためにやめられず、思っている以上に我慢が募っていることがあります。

子ども時代は「嫌な気持ち」を封印する

子どものころは、絶対的に力が弱く、指示される立場です。そのため、親に認めてもらわなければその場に居られないとき、「嫌だと思う気持ち」すら隠します。そして、「嫌な気持ちを隠してがんばってやる」ことで子どもは適応します。

これは素晴らしい適応力です。ただ、このような経験が多いと、知らず知らずのうちにご自身にとっての〝がんばる〟ということが、「嫌なことを避けずにやり続けること」と認識するようになっていきます。

加えて、〝がんばる〟ことには良くも悪くも「能動性」が伴います。

嫌々やる場合は、自然と受け身になることは想像に難くないでしょう。受け身になることで、自然とエネルギーの使用量は制限されますね。嫌だと思う気持ち自体も、ご自身の中でそれなりに認められている状態にもなっています。

一方、「嫌な気持ちも封印してがんばってやる」ことを重ねていると、それに伴う「能動性」によってご自身もその行動に対しての前向きさや積極性を感じるため、「本当は嫌」という気持ちがさらに追いやられてしまうのです。

心は矛盾を解消しようと作用する

心の基本的な作用として、心の中に矛盾する認識が生じたら一致させようと働くという無意識の働きがあります。前向きさや積極性が伴っている行動を嫌なことだと認識することは、心の中に矛盾を生じさせてしまいます。そのため、心は矛盾を解消しようと、その行動をプラスに捉える方向に作用し、「必要な試練なのだ」などとつじつま合わせをするのです。

すると、「本当は嫌なこと」がどんどんわからなくなっていきます。

そして、〝嫌だったり、ストレスが多かったりすることに立ち向かうことこそが、がんばること〟という認識が尚更強化されていき、それをしないことはわがままであり、がんばっていないと捉えてしまうのです。

そのような日々の中では、「〝無理しないで〟と言われても、どこからが無理かわからない」という心境につながっていく傾向があります。

けれど、それは「嫌なことがわからなくなる」だけです。ご自身にとって「本当は嫌なこと」はストレスとしてよくわからない不快感としてあり続けるため、しんどくなってしまいます。

〝がんばる〟を捉え直す

本来〝がんばる〟というのは、嫌なことを避けずにやり続けることだけではないはずですよね。自分の生活をより良く送れるように工夫したり、ご自身のストレスを減らす方向に努力したりすることも、がんばるからこそできることです。

もちろん、嫌なことをすべて避けましょうという意味ではありません。大事なことは「〝嫌なことこそがんばろう〟という呪い」に気づくこと、好きなことにもエネルギーを向けてあげることだと思います。

人は、我慢などのストレスに気づくことができると、自然と行動も変えていくことができます。

いきなり「自分の許容範囲を超えないように行動を変えないと」と心がけても、許容範囲は見えてこないものです。

けれど、「実は我慢していたな」「けっこうストレスになっているのかも……」とご自身の本当の気持ちに共感できると、それだけで少しエネルギーが回復し、「一番やめるべき嫌なこと」への気づきに至ることがあります。

そして何より、がんばり過ぎようと、無理し過ぎようと、それは決して責められるようなことではありません。むしろ、そこまでできる適応力と精神力を持っている証です。

「どこからが無理かわからない」「がんばっていると思えない」、そんなご自身に気づき、今日までの日々を柔らかく労ってみてください。

▼嫌なことに耐えることだけが〝がんばる〟ことではない。
▼まずは「我慢しているかも」と意識してみるだけでいい。
▼「〝無理〟がわからない」のは、素晴らしい適応力と精神力の証。

Case 2

「自分のやりたいことがわからない」Bさん

「よく〝やりたいことをやりましょう〟と言われるけど、自分が何をしたいかがわからないんです……」と話すBさんは、3年前に親と縁を切り、やっと自由になったはずでした。

「これからは親に振り回されずに自分の好きなように生きていける」と思っていたBさんは、親から解放されて生じた心身の不調に困惑し、絶望にも似た感情で苦しんでいました。

巷では、「自分を大切に」「自分のやりたいことをしましょう」「どうしたいかが大事」といったフレーズがあふれています。

Bさんも「親から離れればやりたいことがやれる」と希望を持って、モラハラ的な親となんとか縁を切って、新しい生活を始めました。

ところが、新しい生活がスタートすると、考えたくないのに親のことばかり考えていたり、抑うつ気味となって思うように動けなかったり……といった不調が表れ始めてしまったのです。

そこでカウンセリングを受け、親と離れて安全になったからこそ、当時の心身の傷が痛み始めるというメカニズムを知りました。

同時に、やりたいことがないことも、「今まで自分の気持ちを考えるより、親の気持ちを考えてきたのだから、すぐにわからなくて当然」と知ったのです。

感情は、「どうしたい？」「嫌なのかな？」という風に、聞かれて耕されていくものです。そのため、親を代表とする養育者が子どもの気持ちや状態を本人に聞かなかったら、人は自分自身の感情に敏感にはなれません。

そして、自分の感情や欲求を感じる余地がなければ、我慢していることにも気づきませんので、「これがやりたかった」と思うことすらなかったとしても、おかしいことではありません。

加えて、自分以外の誰かのことを優先して考えていたら、それは〝思考の癖〟となり「慣れ」になります。

人は、慣れていることのほうがしやすいものです。そのため、「つい親のことを考えてしまう」という〝癖〟を治すのは、地道な取り組みとそれなりの時間がかかるものだと知ることが、「今のしんどさ」を解きほぐす第一歩になります。

Bさんは、当時の気持ちを「怖かった」「痛かったね」と出す中で、「気持ちを我慢していたことも、今まで気づいていなかった」ことに気がつきました。

そこで、Bさんは当時の傷に寄り添いながら、「何がしたい？」と自分に聞き続けてみることにしたのです。

初めは、「わからない」「したいことなどない」と思い、「何もないな……」と再びガッカリしましたが、〝わからないことがわかった〟と捉え直しをすることで、気持ちが落ち着かれていきました。

やりたいことなんて、なくたっていいのです。

「今はないんだね～」と理解しながら、また聞くことを続けていったら、意外な答えに出合えるかもしれません。

その後Bさんは、将来の夢のような壮大な「やりたいこと」ではなく、「食べ物の味がわかるようになった」とカウンセラーに報告しました。

「別に今まで味がしなかったわけじゃなかったけど、特に好き嫌いはなくて、自分はグルメじゃないんだと思っていた。でも実家を離れてから、〝これは美味しい〟〝ここのお店は美味しくない〟と気がついたら言っていて、自分でも驚きました」と、とても嬉しそうに話すBさんの表情は、以前とはうってかわって豊かで明るく輝い

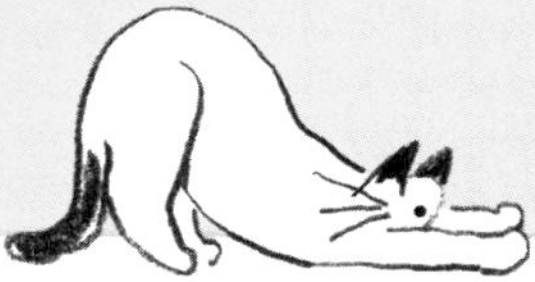

ていました。

Bさんが今やりたいことは、「週末に、人気のラーメン店の行列に並んで食べること」だそうです。

第 3 章

「大人になった今」の“揺れ”を紐解く

親の要求を「断れない」のはなぜ？

親の影響を受けるのは子ども時代になりますが、「親に対するしんどさ」が明らかになってくるのは大人になってからです。

そのため、今のしんどさは子ども時代から地続きであるという視点から見てみると、今の自分をしんどくしている行動の理解につながります。

大人になった今、体験することが多い「しんどくなる行動」の代表的なものに「親の要求を断れない」というものが挙げられます。

「親に言われると断れない」「本当は一人でゆっくりしたいのに、親に頼み事をされると飛んで行ってしまう」ということに疲れを溜めている方々はたくさんいらっしゃいます。

私たちは、どうして親の要求を断れないのでしょうか？
その理由を整理していきます。

「親の不機嫌さ」に対する過去の動揺があった

親の要求を断ることができない原因に、「断ると親が不機嫌になるから」ということが最も多い理由として挙げられます。

これは、〝親の不機嫌さに対する子どものころの動揺〟が今も起きていると捉えられます。

第1章で触れた通り、大人の負の感情は子どもには抱えきれない強さを持つうえに、生活の危機にも直結します。それゆえ、子どもにとっては身の危機を感じるほどに脅かされるものです。

そのような恐怖から、なんとか親の機嫌を直そうと自発的に動いたことがある子どもは非常に多いものです。たとえ理不尽でも、「親が不機嫌でも放っておけばいい」というわけにはいかなかったのです。

そして「どうにかしないと」という切迫した焦りから、「いつも迷惑をかけている自分が何かしたからかな？」と「自分のせい」と考えることでなんとか対処しようとしていたことが、大人になってからも引き継がれている可能性があります。

子どものころと今を分ける

子どものころの強い恐怖は無意識に心に刻まれ、「親の機嫌を取る」という当時の対処は、適応策として心身が繰り返すようになっていることが多くあります。そのため、大人になってからも、無意識に「親の機嫌を損ねないように」と気をつけ続けていることがあるのです。

けれど、親の機嫌は親の問題であり、本来はあなたが引き受けなくていいことなのですよね。

そして、今は大人になっています。もう、彼らの力は私たちを圧倒するものではありません。大人のあなたは、親の機嫌を取らずとも生きていけるのです。

もし、今も〝親の不機嫌さ〟に敏感であったなら、「小さいころ、子どもなりに親の機嫌に心を痛めていたのだな」と、かつてのご自身を労る機会にしていきましょう。そうやってご自身を労っていけたら、親の不機嫌に対する動揺が少しずつ軽くなり、行動が変わっていきます。

▼親の負の感情への動揺が、今も続いているかもしれない。
▼子ども時代「親の機嫌を良くしないと」とがんばっていた。
▼「親の機嫌は親の問題」であり、あなたが引き受けなくていい。

子ども時代に身につけた〝役割〟

「家族」というのは特殊な集団であり、システムでもあります。親との関係性はもちろんですが、きょうだい同士でも相互作用が起きます。

たとえば、長男であれば「子どもの中での長」としてリーダー気質を強めていくかもしれません。

長女であれば「下の子の面倒を見る」など、昔ながらの女の子らしさを求められていることを察知して、「いい子」になっていくかもしれません。

末っ子は、普通にしていては上のきょうだいに勝てないので、「家庭のムードメーカー」になることで存在感を示すかもしれません。

こうして、置かれた環境との相互作用によって、それぞれが個性を磨いていきます。その中で、親の役に立つことが家庭内での〝役割〟であったなら、それが大人になっても引き継がれ、親もあなたの対処能力に甘え続けていることがあります。「子どもは居るだけで価値がある」とは言うものの、現実は暗黙のうちに子どもになんらかの役割を負わせていることは珍しくありません。

今はほかにも選択肢がある

もちろん、家庭の中で〝役割〟を持つことが悪いこととは限りません。大事なことは、子ども時代はそうするしか選択肢がなかったという点です。

自分で率先してやっていたように見えて、実際は「家庭」という組織の中で居場所を確保するための適応策だった……ということがあります。

〝親の役に立つことが子どもの自分の役割だった〟ことから、今も親の要求を断れないのかもしれないのです。

けれど、今の居場所は自分で作ることができる大人になっています。かつての「家庭」がご自身の生活のすべてではなくなっているはずです。

親の役に立つなどの〝役割〟をすべて放棄しないまでも、〝役立ち方〟は今の自分が加減していいのです。

▼子ども時代は、居場所に選択肢がなかった。
▼子どものころに「家庭」で身につけた〝役割〟に今も縛られているかもしれない。
▼子ども時代の〝役割〟を果たすかは、今の自分が選び直せる。

イライラして仕方がない、つい怒ってしまう

親や家族に対してイライラしてしまうという〝怒り〟に悩んでいる方は、本当に多いと感じます。

こういった親へのイライラは、複数の葛藤を伴う気持ちが、はっきりせずに漠然と感じられることから生じている可能性があります。

加えて、怒りはほかの感情とは違う役割を持っている側面があります。

さらに、〝怒り〟は非常に大切な感情ですが、抱えにくく、扱いが難しい感情でもあります。

ここでは、〝イライラ〟という比較的程度が軽いレベルから、〝強烈な怒り〟という重いレベルまで取り上げて、それぞれの理解を深めることで、〝怒り〟という感

情を上手に抱えられる助けになるよう整理します。

〝怒り〟の奥にはほかの感情が隠れている

〝怒り〟は二次感情として有名です。

怒りには、一次感情である「悲しい」「不安」「ショック」などの「本当の気持ち」が隠されているので、一次感情を見つけてあげることが大切だとされています。

怒りは、「あらゆる感情の矢面に立つ感情」と表現されることもあります。

たとえば、「親が老いていることを実感して悲しかった」感情をごまかすためにイライラが出たのかもしれません。

「好きでいたいのに嫌いになってしまいそう……」というやるせなさをなんとかしようとして、二次感情の怒りになったのかもしれません。

「親の手助けをしたいけれど、この先どうなるのか……」という不安によるイライラかもしれません。

このように、親に対してイライラしたら、「一次感情はなんだろう?」とご自身の気持ちを探してみてください。怒りの奥にある感情が見つかると、イライラが静まり、適切な対処につながりやすくなります。

加えて、怒りやイライラが二次感情として出ているとしたら、「なんとか現状に対処したい」という思いゆえと捉えられることが多いです。一次感情に圧倒されないように無意識で「がんばらなきゃ」としているように思います。そんながんばり屋さんのご自身にも、ぜひ気づいてあげてください。

“イライラ”は限界のサイン

頻繁にイライラする原因に、我慢の蓄積があります。

日ごろ我慢していれば、些細なストレスがキャパシティオーバーの最後の一滴となり、「つい怒ってしまった」という行動を引き起こします。

イライラすることが増えたとき、まずは「疲れが溜まっていないか」「我慢し過ぎていないか」とご自身の疲労とストレスに目を向けてみましょう。

疲れやストレスが溜まっている場合には、ただ「イライラしないように」と律してしまうとさらに我慢を重ねることになるので、逆効果になってしまいます。

そこで、「イライラはSOSのサイン」と捉えて、これ以上我慢を重ねないためにできることを考えてみましょう。減らせる負担は減らし、休息の時間を増やしたり、リフレッシュする機会を作ったりするなど、疲れを少しでも癒す対処をとることが有効です。

自分で自分を守る意識を持つ

別の視点では、怒りは原理的には「戦うか逃げるか」に向かうための情動と言えます。

この観点から考えると、会うたびにイライラするということであれば、「何か脅かされている」ような感覚が生じているのかもしれません。

「自分のスペースに無断で入ってこられる」といった不快感や、「また何か嫌なことをされるのではないか」というような警戒心が刺激されている可能性があります。

そのようなときは、**ここからは決して入れさせないという境界線を、しっかりご自身の中で決めておく**ことが有効策になることがあります。

たとえば親と会うとき、自宅に招くのではなく外で会うことで、自分のプライベート空間には侵入させないようにしてみる……などが具体的な対策例です。

「自分で自分を守ることができる」という意識をしっかり持つことができると、イライラが軽減されていくことがあります。

もし、親と距離を置こうとしているのに、うまく距離が取れないとしたら、それこそ「毒親」と言えるかもしれません。

実際、機能不全家庭であると、親と完全に縁を切ることでしか自分を守れないケースは非常に多いです。

親とだんだんと離れていくことができないようなときは、親側の問題が深刻であると受け止めたほうがいいかもしれません。そのようなときは、親の勢いに流されず、きっぱりとした意思表示と対策が必要になることもあります。

▼〝イライラ〟〝怒り〟は自分の本心を見つける手掛かりになる。
▼イライラしたら、一次感情を探してみる。
▼自分で自分を守り、親の勢いに流されないことが大切。

強烈な怒りは〝遅れてきた怒り〟かもしれない

もし、イライラという軽い表現ではおさまらない〝強い怒り〟を親に感じることが増えたとしたら、それは〝遅れてきた怒り〟かもしれません。

怒りは、自分にとって大切なことを気づかせてくれる感情でもあり、自分を守るために必要な感情です。けれど、怒りが持つ「破壊力」のために、「怒りを感じても大丈夫という安全さ」がないと、人は怒りを出すことができないどころか感じることすら無意識に抑えることで、その場に適応するとされています。

このように怒りを感じることは、私たちが思っている以上に複数の条件が必要になります。そのため、短期的に怒りをなかったことにするのは、場合によっては適応的な反応と言えます。

しかし、その場の適応策として〝閉じ込められた怒り〟は、本当にはなくならないので、抑うつや自己否定という「自分への攻撃性」に姿を変えて表れることがあります。

もし、慢性的な抑うつや自己否定に思い当たることがあったら、「怒りが根っこにあるのかも」と思いを巡らせてみることが、回復への有効な視点となります。そう考えると、今怒りを感じられているとしたら、悪いことでないどころか、抑うつや自己否定になることを防いで適切に怒りを出そうとしていると言えます。

加えて、ご自身の尊厳をないがしろにされるような重大な心の傷を負った際には、怒らなければ尊厳は取り戻せないとされています。そのため、〝怒りを感じる〟という状態は、心の回復が進んでいる過程と捉えられる場合がたくさんあります。

強い怒りは過去のもの

今、強い怒りを感じるとしたら、「この怒りはかつて感じることができなかった怒りであり、今ようやく出てこられたのだ」と受け止めてみましょう。

大切なポイントは、強烈な怒りを「今の自分のもの」と捉えずに、「過去に取り残されたもの」と気づいてあげることです。

怒りを悪いものとせず、かといって乗っ取られず、「怒れなかったかつての自分が、自分のために怒ってくれている」と捉えてみましょう。

▼〝怒り〟は、回復と前向きさの表れとも言える。

▼〝強烈な怒り〟は「過去に取り残されたもの」。

▼怒りを悪いものとせず、「自分の一部」と捉えてみる。

親とケンカになってしまうのはなぜ？

先ほど触れた〝怒り〟に関係しますが、親との関わりで大きなストレスになることの1つに、「ケンカになってしまう」「酷いことを言ってしまう」という他人との間には生じない激しい衝突があります。

酷い言葉を投げつけてしまったり、あちらから怒りをぶつけられてしまったり、決して他人には言わないような言葉や態度が出てしまいます。

親子ならではの激しい衝突は、良い意味でも根本的に「甘え」があるからでしょう。家族以外に出さないのは、他人に同じ言動をしたら許されないからで、相手が親、あるいは子どもであれば、許してもらえるとどこかで感じているからだと思います。

その意味では、酷い言動のすべてがネガティブなわけではなく、親子ならではの「甘え」と「信頼」「絆」があるからこそかもしれないという側面も意識していけたら、負の感情の軽減の一助になるかもしれません。

しかしながら、酷い言動は、言われた側は親も子も関係なく傷つきます。言った側もスッキリしたと思えることはほとんどなく、かえって後味が悪く、何日も引きずってしまうほどの自己嫌悪感や不快感となってしまいますよね。

さらに、自分でも「どうして言いたくないことを言ってしまうのか」わからず、わからないからまた繰り返してしまいます。

このように不必要に傷つけあうことを防ぐために、言動がエスカレートしてしまう理由を整理していきます。

お互いに〝わかってほしい〟

親側も子ども側も言い合いになってケンカをしてしまう場合は、まずお互いが相手を理解しようと思う気持ちよりも、〝自分の主張をわかってほしい〟という気持ちのほうが勝っている状態のときに生じます。

これは親子ゲンカに限らず、夫婦間など特に近しい間柄で認められます。

お互いに〝自分のことをわかってほしい〟と強く相手に求めていて、相手の言い分を聞く心境ではありません。そのため、お互いに「わかってくれない」思いを強めて、お互いが不満を募らせ、「なんとか相手にわからせないと」とヒートアップしていってしまうのです。

さらに、親子関係に焦点を当てると、子ども側は親に対して「親なのだからわかってくれるはず」という期待を抱き、親側は子どもに対して「もう大きくなったんだから親の気持ちをわかってくれてもいいでしょ」という期待を抱いています。

つまり、お互いに「こう対応してほしい」と、自分の中での相手がとるべき「正解」を暗に求めてしまっているところがあるように感じます。

だからこそ、相手の対応が自分の納得するものではなかったときのガッカリ感は深くなり、「できるはずなのに」と怒りになってしまうのかもしれません。

相手の存在が大きいほど、期待も大きくなる

〝わかってほしい〟が強くなる理由は、それだけ相手の存在が自分の心の状態に影響するからでしょう。

お互いの存在によって心のバランスが保たれたり乱れたりしていて、関係性が近過ぎているのかもしれません。

だから「わかってくれたら好きでいられるのに」「あなたさえわかってくれたら、私は癒されるのに」と強い思いになるのだと思います。

この思いが悪いわけでは決してありません。

ただ、ケンカが頻発してしまうのであれば、お互いに相手の感情や言動に反応し過ぎてしまっているのかもしれません。

ヒートアップを防ぐことが重要

このような場合、わかり合おうとする前に、ケンカをヒートアップさせないことがまず大切になることが多いように感じます。

「自分も相手もわかってほしい気持ちが強いのかも」と考えてみるだけで、ケンカになったときに冷静さを取り戻せる確率が上がります。言い合いになっても、エスカレートしてしまう理由を知っていれば、それだけでさらに傷つけ合ってしまうことの歯止めになります。

加えて、「〝自分をわかって〟と思っているから衝突してしまうのだ」と思い当たったら、お互いに落ち着いた状態のときに、この心境を相手である親とも共有するとさらに効果的です。

お互いに自分の心境に気づく関わりを共有できると、激しい衝突は防げるようになり、双方の理解が深まることで関係性が良い方向に向かうように思います。

そうはいっても、冷静な話し合いは親に期待できないことも多いですし、言い合いはそれぞれの大切な気持ちがあるからこそ生じるものです。そのため、初めから「こちらが折れよう」と決めるのではなく、「親には伝わらないかもしれない」ことも踏まえたうえで、改めて自分の行動を検討する段階が必要になります。

激しい言い合いになることも覚悟で言い続けるか、徒労を避けて穏やかな関わりを優先するか、感情は込めずに淡々と言うことを試してみるか……。自分はどう思っていて、相手と今後どうなりたいかによって行動を選択できれば、結果的に以前と同じ行動になったとしても、納得感はまるで変わってきます。

▼ケンカするのは、お互いに〝わかってほしい〟と思うから。
▼ケンカをエスカレートさせない気づきが大切。
▼自分の気持ちや思いを知って、親への行動を改めて選択する。

我慢した"たくさんの気持ち"があふれる

親への思いは、まさに今まで生きた年月と同じだけ存在しています。

そのため、子どもである私たちの側が「親に酷いことを言ってしまう」というときには、「そのときだけでなく、これまで溜めていた感情が乗っかってしまうから」であることが多いです。


我慢に我慢を重ねていると、小さい我慢のうちに解消した場合と比べて、手当てが大変になることは想像に難くないと思います。

同じように、「親に言いたいことやわかってほしいことがたくさんある」とき、それは言い換えれば「親に言いたかったことも我慢して、わかってもらえなかった経験がたくさんある」ということです。

そのため、大人になってやっと自分の子ども時代の気持ちを言葉にできるようになり、親に伝えようとするとき、「今までの気持ちをわかってほしい」と感情の量が増幅します。そうしますと、通常使用している言葉では到底足りなくなってしまうのです。このあふれる思いを言葉にすると、いつもは使わない過激な言葉でしか言い表せない心境になります。

気持ちの〝質〟だけではなく〝量〟の問題

このような気持ちが本当に求めているものは〝たくさんわかってほしい〟という〝量〟の問題であり、気持ちの内容という〝質〟の問題だけではないのです。

だから、攻撃的な言葉を使用しても、それでスッキリするということはなく、相手も自分も傷ついてしまうだけになってしまいます。

私たちは、〝わかってほしい〟というときの気持ちの内容ばかりに意識が向きがちです。

けれども実際は、「悲しいことがたくさんあった」「寂しい思いをいっぱいした」「こんなに我慢してたんだよ」という〝気持ちの量〟をわかってほしいと望んでいることは思っている以上に多いものです。

気持ちの量に少なからず心当たりがあったら、「一気に伝えようとしなくてもまた機会がある」と心がけられると、一度に爆発することを防ぐことができ、ご自身の心が大きく揺れて苦しい思いをすることを減らせるでしょう。

〝量〟を解消したり満たしたりするためには、一回では全然足りません。〝たくさんあった思い〟の話は、回数を重ねる必要があるのです。

気持ちの量の解消には何を言うかではなく、「どれだけたくさん話すか」が最もシンプルで有効な対処法です。

これは必ずしも、親との直接的な会話でなくて構いません。

安全な場所で、信頼できる人に、何度も話を聞いてもらうことも充分に有効な対処になります。

〝気持ちの量〟に自分で気づいてあげる

誰に話すか以上に大切なポイントは、気持ちの量があふれていることに自分自身が気づいてあげることです。これまで一人で抱えたたくさんの気持ちを、ほかの誰でもないご自身が気づいてあげられたら、その気持ちは初めて認めてもらえたことになります。

もし、ときおり親に酷いことを言ってしまうとしたら、「たくさんわかってほしいのかも」とご自身に聞いてあげてみてください。

▼親への言葉には、それまでの気持ちがあふれがちになる。
▼気持ちの〝量〟に気づく。
▼〝たくさんあった思い〟の話は、一度ではなく回数を重ねる。

親とわかり合えないのはなぜ？

大人になると、「自分も親も大人になったのだから」と同じ目線でわかり合えるのではないかと希望を持つのは自然なことだと思います。
ただ、現実にはわかり合えないどころか、子ども時代よりも仲が悪くなってしまうことがあります。

それでも〝わかり合いたい〟と子ども側が望むことは多く、親にわかってもらおうと関わるものの報われず、期待しては裏切られるという事態にさらに悩みを深めている方もいらっしゃいます。

なぜ、こんなにも親とわかり合うことが難しいのでしょうか？

そこで、ここでは、「話し合おうとしてもわかってもらえない」という実際の場面をイメージして、なぜわかり合えないかを整理することで、モヤモヤの軽減につなげられればと思います。

親と子の心境の違い

根っこは〝自分のことをわかってほしい〟につながりますが、話し合ってもわかりあえない要因に、お互いの心境の違いがあります。

親は、子どもを「もう大人になった」とほっとすることで、精神的に子どもに甘え始めます。親なりにがんばってきた親の役目の荷を下ろそうとしているときに、子ども側が親に不満を話せば「もう終わったこと」と済ませたがるでしょう。

一方で、子ども側は大人になり、親の至らなさとかつての自分の傷をやっと明確に言語化できるようになっています。そこで、当時の気持ちを何度も親にぶつけることで、わだかまりを解消しようと試みます。

子ども側の親に対する試みは、ただ自分の気持ちを消化したいというだけではありません。「親を好きでいたい」という純粋な気持ちから、将来の親の介護などといった現実的な問題まで、親を思っての言動であることが多いです。

そこには、「気持ち良く親の面倒を見たいから」という親への健気な思いが隠されています。わだかまりを抱えたままでは、親の面倒を見たくても難しくなってしまいますから、親のためにも、今のうちに自分の心を整えようとされている方々はたくさんいらっしゃいます。

ただ、その内面を子ども側は親にめったに言えません。なぜなら、「親に老いていくことを意識させたら可哀そう」「面倒見ると言ったって、親は口では断るだろうから……」という思いやりがあるからです。

そんな子どもの心の葛藤を親側は想像もしておらず、「子どもの心親知らず」状態になっています。そうすると、子ども側としては「将来親に何かあったときのためでもあるのに」というやりきれない思いを募らせ、親側は「責められてばかり」とただ不満に思ってしまう……という負のサイクルにはまってしまうのです。

ポジティブな思いも言葉にする

双方が不満を溜めてしまう循環を脱することは難しい課題ですが、ポジティブな思いもできるだけ言葉にすると、負のパターンが少し変わっていくように感じます。

〝わかってほしい〟は「好きでいたい」「仲良くしたい」からこそです。

ご自身の気持ちを伝えるときには、このような肯定的な思いも一緒に伝えるようにできると、相手も受け入れやすくなります。

▼わかり合えない原因は、お互いの心境の違い。
▼〝わかってほしい〟は「好きでいたい」「仲良くしたい」から。
▼わだかまりだけでなく、ポジティブな気持ちも言葉で伝える。

親と子の記憶する事柄の違い

人の記憶は、出来事をただ平等に覚えているのではなく、主に3つの特性を持ちます。

まず1つは、記憶は出来事と感情がリンクされて覚えられるというものです。そのため、一般的には出来事に伴った感情が強いほど、はっきり覚えています。ただし、その感情がそのときに抱えられないほどの衝撃であったら、その感情と共に出来事も記憶から消すことで、人はなんとか生き延びようとします。

2つ目は、危機に備えるために嬉しいことよりも「負の感情を伴った体験」のほうが記憶されるというものです。最後の1つは、完了できずに中途半端なままである「未完了」を覚えているという特性です。

この記憶の特性により、親が覚えている出来事と、子どもが覚えている出来事の食い違いが起こります。

覚えている事柄の傾向が違う

親は、子どもに〝してあげたこと〟と〝してあげたかったけどできなかったこと〟をよく覚えている傾向があります。

〝してあげたこと〟には、「親の能動性」という積極的な感情が伴うため記憶されやすくなり、〝してあげたかったけどできなかったこと〟については、「完了できなかった（未完了）」という心残りと負の感情も伴って忘れにくいものになるからです。

反対に、子どもは親に〝してもらえなかったこと〟を覚えている傾向にあります。

子どもが親に〝してもらえなかったこと〟を覚えているのは、〝してほしい〟という気持ちが「未完了」であることが一因でありますが、それ以上に精神的な傷となるからです。

子どもが親に〝してほしかったこと〟は、「気持ちの支えになってほしかった」

である場合がほとんどです。たとえば、「誕生日を祝ってほしかった」と思っていたら、その真意は「自分のことを大事に思ってくれる、親の気持ちを感じたかった」からでしょう。

「親が寄り添ってほしいときに寄り添ってくれなかった」という精神的に必要なサポートがなかったことは、子どもにとって心の傷になってしまうのです。だから、埋めようとして記憶し続け、親から精神的なサポートを得ようと試み続けます。

子どもがこの心の傷を認識して言葉にできるのは、大人になってからになります。ここでも、親と子で認識のズレが生じやすいのです。

子ども側は大人になって「やっと言える」と思う一方、親は「もう大人になったのだから親の気持ちをわかって」と欲するようになっていると、わかり合えない状態で膠着《こうちゃく》してしまいます。

親には過去の弱点と向き合う覚悟がない

子ども側が親のかつての対応で本当に傷ついたことこそ、〝親にわかってほしい〟という望みを強めるものです。

ただ、子ども側が本当に傷ついたことこそ、「親にとって認めづらい自分の弱点」であることが非常に多いのです。そのため、親は痛いところをつかれた反応として、非を認められないという心情になり、怒りで返してしまいます。この反応は、一般的な対人関係のもめ事でも頻繁に生じています。

親が自分の行いを認めることができていないと、事実を言われただけであっても「攻撃された」と反応してしまうため、子ども側に攻撃し返してしまうこともあります。

人は、きちんと反省することが難しい生物です。

自分に向き合う覚悟がないと、容易には自分の過ちを認めることができません。

親の介護も含め、子ども側はまだ長い人生があり、自分の人生について考え悩む必要が生じています。一方で親側の人生は、子育てを終えたと共に、悩むよりも「今後は楽に生きよう」と望むようになる傾向があります。

その場合、向き合う気持ちがない親に、どんなに向き合うように働きかけても徒労に終わってしまいます。

どちらの記憶も「それぞれの物語」と捉える

このような傾向が親に見受けられるようであれば、「本心を話してわかってもらう」という直接的なアプローチをしたほうがいいのか、その徒労を考えるとやめたほうがいいのか、ご自身の対応を改めて検討してみることをお勧めします。

時には、深くわかり合うことを諦めるのも、必要になるかもしれません。

一方で、すべて諦めるということはせずに、考えに幅をもたせてみることも有効です。親が過去を振り返らないようであれば、「どちらの話もそれぞれの物語」と思いながら、「少し自分の思いを話してみよう」や「今はとりあえず穏やかな関わりを優先する」といったように考えられると、極端な選択に限定されることを防ぎ、気持ちに少し余裕ができることがあるように感じます。

▼親は〝してあげたこと〟と〝してあげたかったこと〟を覚えている。

▼子どもは〝してもらえなかったこと〟が深い心の傷になる。

▼どちらの記憶も、それぞれの物語であると捉える。

Case 3

母親とケンカばかりしてしまうCさん

Cさんは、親元から離れて平穏に暮らしていましたが、妹の出産をきっかけに、母親と妹の仲の良さに嫉妬のようなモヤモヤを感じ始めるようになりました。

Cさんは彼女たちと出かけるときはそれなりに楽しく過ごせるものの、別れた後に「母ともっと話せばよかった」「母にはこう言われたけど、本当は違うのに伝えられていない」という思いを募らせるようになってしまいました。

「母にわかってもらえていない」と感じることが、増えてしまったのです。

そこでCさんは、ラインでその旨を母親に伝えることにしました。

Cさんとしては勇気を持って本心を伝えたのですが、母親からの返事は「それはこうしなさい」という助言であったり「そんなつもりじゃない」という否定であったりしたために、お互いにライン上で言い合いになることが繰り返されるようにな

ってしまいました。

そのため、Cさんはますます母親に対して不満を強めていきました。

その後も、母親に対しての不満や「妹ばっかり」という嫉妬心が強く出てくるたびに、Cさんはラインで長文を送るようになりました。

けれど、母親からの返信はやはり反論であり、「やっぱりわかってくれない」という憤りと寂しさを募らせていきました。

Cさんは気持ちを伝えてもケンカにしかならない現状に対し、「もう母には連絡しない！」と決めたものの、やはり気になります。

そこで、カウンセリングに母親も一緒に来てもらうことにし、Cさんと母親とカウンセラーの3人で話し合うことにしました。

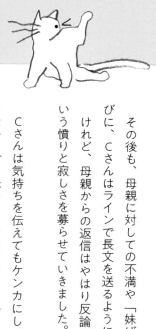

Cさんは、初めは母親への不満ばかり話していたものの、だんだんと「アドバイスをしてほしいわけじゃない。黙って聞いてほしいだけ」と自分が望んでいることがわかり、母親に伝えることができました。

一方で母親は、「私はラインが苦手で、ラインで送られると何か言わなきゃと思っちゃう」と話し、それはCさんにとって全く想像していなかったことでした。

母親は、「ラインだと話し合えない。私は直接会って話したいし、会うのが無理ならせめて電話がいい」とCさんに伝えました。そこでCさんは初めて、「母は私の気持ちを聞くことが嫌だったわけではないのだ」とほっとしたのです。

そこで、Cさんがラインで気持ちを母親に伝えたいときには、「母の返事は一言で良しとし、一往復に留める。それ以上は会ったときにする」というルールを2人で共有しました。

加えて、月に1回くらいは、きょうだいなしで母親とCさんだけで外出しようということも決めました。

それを数カ月続けていくと、Cさんは「なんだか満足しました」と、朗らかな表情になり、当初の強烈な母親への怒りは「どこかにいった」と嬉しそうな笑顔を見せるようになりました。

Cさんは、「私の気持ちを母にわかってほしいと思っていたけど、本当は2人で過ごす時間が欲しかったんだとわかった」と新たな気づきを得られ、穏やかさを取り戻して過ごすことができるようになったのです。

第4章

「親の言動のワケ」を知ることでモヤモヤを晴らす

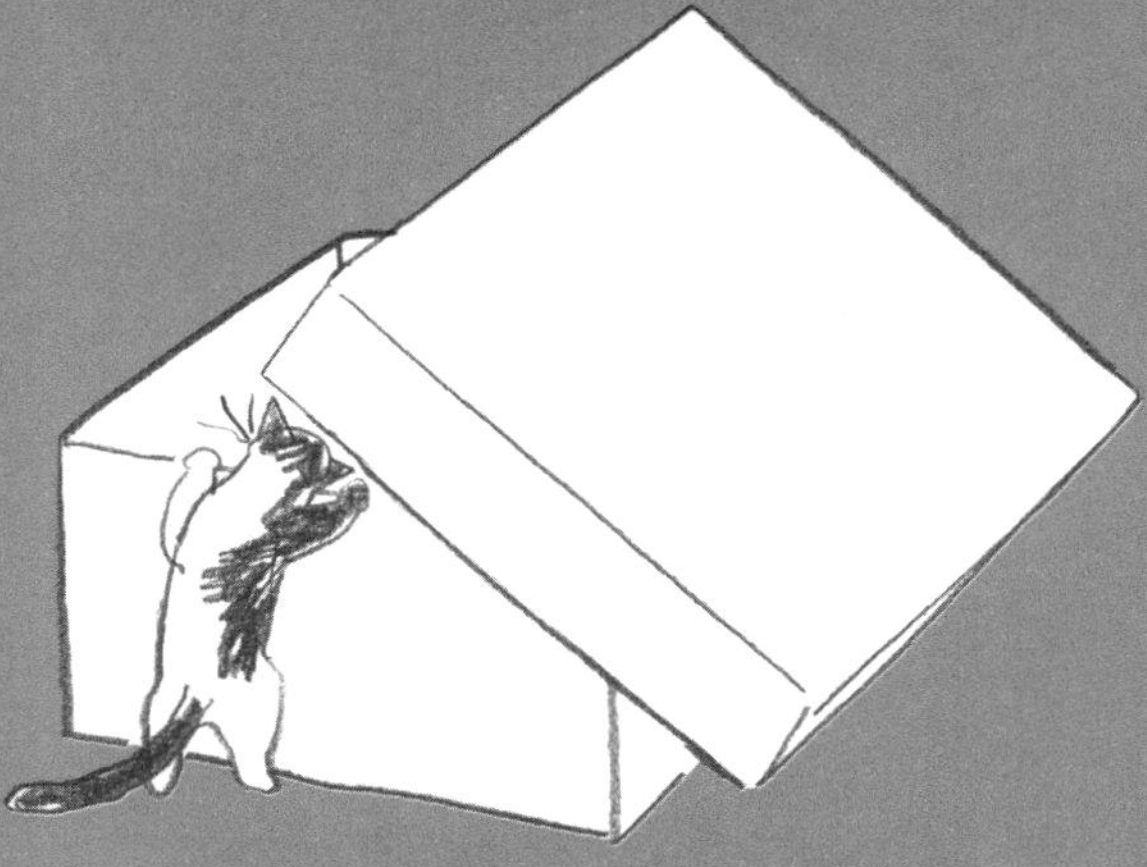

親が生きた時代の価値観を知ると理解につながる

親との間に起きるストレスを考えるとき、子ども側である自分の気持ちだけでなく、親側の要因も理解できると、モヤモヤがさらにスッキリすることがあります。親を理解しようとするとき、**親が生きた時代がどういう時代であったのかを振り返ることで個別の理解の助けになります。**

時代によるポジティブさと選択肢のなさ

私たちの親世代は、「団塊の世代」の高度成長を代表に、その下の世代も、景気の良い活発な時代を経験したことがあります。そのため、今よりも「将来はおおむね明るい」と安心感を抱くことができました。

社会の繁栄の体験と、将来への安心感が、自分に対するポジティブな評価につながっていることが多いように見受けられます。

一方で、今よりも画一的な価値観を教え込まれ、個別性はできるだけ排除し、多数派に従って生きたケースが多いという傾向も持ち合わせています。生き方や考え方に対して、多くの選択肢があった時代ではありませんでした。

将来は明るいと思え、選択肢がなかったことは、自分について考える必要がなかったことにつながります。

考えるという習慣がないため、かつて良しとされた価値観を考え直すことなく、今でも当時の価値観のまま子どもの人生に口を出してしまいます。

たとえば「つらくても我慢して今の仕事を続けるべきだ」と根性論を強固に唱えたり、「料理は手作りであるべき」などとこだわりを教え続けたりするなど、今の時代にはそぐわない生き方を子どもに強いていることがあります。

このような場合、親は自分が生きた時代の価値観を絶対だと信じて疑いません。

そのため、どうがんばっても子ども側の事情や気持ちが伝わらないことになります。

親世代は〝内省力〟がうまく培われていない

画一的な価値観を教え込まれたことにより、親世代は〝内省力（自分の気持ちや考え、行動を顧みる力）〟が培われていない傾向にあります。

〝内省力〟という自分を観察するスキルは、対人関係においてとても重要です。

「自分は日ごろどんな言葉を使っているか」「自分はどんなときにイライラしやすいか」「自分は相手にどう接しているか」など、自分の特性に気づけなければ、人と友好的な関係性を築くことが難しくなります。

親が〝内省力〟に欠けていると、こちら側の希望は受け入れられず、あちら側の主張は脅迫的であるという事態を招き、親との会話がストレスになってしまいます。

〝内省力〟が弱いからこそ「普通」を押しつける

内省力が乏しいと、自分の感情や思考を認めて受け入れることができません。そのため、「自分はこうしてほしい」「しないでほしい」と自分の気持ちとして言語化するスキルも身につかないことになります。

そうしますと、親は親自身の欲求を自分のものと認められなかったり、表現できなかったりします。その結果、「普通はそうする」「これが常識だ」という言い方によって子どもの行動をコントロールし、自分の要求を通そうとするのです。

「普通はそう」「常識はこう」という言い方は、「そこから外れた場合は異常で非常識」となるため、言われたほうは不快になるだけでなく、従わなければ人格的に問題があるかのような気持ちになってしまいます。

そんなしんどい気持ちから、親の言う通りにすると、親側はますますこの〝効果的な〟言い方をするという、悪循環が起こりがちです。

「普通は」「常識」という言葉は親自身の欲求

まず、「普通は」「常識」と言われたら、発した側がこちらの行動を強烈にコントロールしようとしているセリフだと気づきましょう。

「普通」「常識」は、時代によって、地域によって、家庭によって、個人によって、異なります。どちらもあってないような、形のないあやふやなものです。少なくとも、親に断定できるレベルのものではありません。

「普通はこうするのに」「そんなの常識だ」という言葉に不快になっても、その親の価値観を信じる必要はありません。もしこのような言葉を使用されたら、「過度な一般化」の部分は真に受けないようにしてください。

そして、心の中で「この人は自分の欲求を認められず、素直に言語化できないから、こういう言い方をしているのだな」と考え、「普通も常識も本当の問題ではなくて、親が自分にそう動いてほしいのだな」と結論づけましょう。

そのうえで、ご自身はどうしたいか考えられたらベストだと思います。

もちろん親の要求をすべて断ってもいいですし、できる範囲で応えてもいいでしょう。何より、不必要にご自身を責めることがないように、不快感は軽くしていくことが大切です。

▼親世代は、育った時代の影響で〝内省力〟が乏しい。
▼「普通は」「常識」という言葉は、親の押しつけにすぎない。
▼親の「過度な一般化」の言葉は、真に受けなくていい。

「あなたのため」という〝攻撃〟

先ほどの普通の押しつけにも通じますが、内省力が弱い場合、「ほかの何かのせいにする」ことで、自分の欲求を示します。

その一例が、先ほどの「普通は」「常識」という過度な一般化です。ほかにも、「あなたのために言っている」という親の代表的なセリフがありますよね。

「あなたのため」は親のため

この言葉には、親側が子どもをコントロールして「自分に都合の良い選択をしてほしい」という自己中心的思考が隠されています。そのうえ、「教えてあげている」と上下関係にもっていき恩を着せることで、断るにはかなりの罪悪感を背負わせるセリフです。

親自身ではなく世間が言っているかのようにほかの誰かのせいにし、「そうするのは子どものため」と、行動の成果はまるで子ども自身に与えられるかのように誘導しています。しかし、真実は親のためなのです。

こういった、子どもを親の都合良くコントロールする言葉は、実は子どもに対しての非難が込められています。子ども側は、親の言外の自分への非難を、無自覚であっても感じ取っていることがほとんどでしょう。

だから、親の機嫌を良くするために、言うことを聞くこともあると思います。そんな子どもの健気さを利用する狡《ずる》さが親にはあります。

加えて、内省力がないので、自分の一方的な要求を本当に「子どものため」と思い込んでいる場合が非常に多いです。

そのため、話し合っても通じませんし、発している言葉が持つ攻撃性や不快感に、親自身の自覚もないことがほとんどです。

〝攻撃〟から自分を守る

親側の無自覚さも踏まえたうえで、親が「あなたのため」と言うとき、子ども側は〝攻撃された〟と受け止めたほうがいいことがあります。

攻撃されたら怖いですし、不快になって当然です。そして、攻撃に対して必要になる対処は自分を守ることになります。

その場を離れることができれば離れましょう。難しいようであれば、親の言うことをできるだけ真剣に聞かないように、わざと違うことを考えるようにしてみましょう。

どのような対処をとっても、自分で自分の心を守ろうと意識することが大切です。それだけで心にバリアができるため、相手からの攻撃による傷が深くなることを防ぐことができます。

「好きにしていい」という〝察して〟

「あなたの好きにすればいい」という言葉もよく聞きますよね。もちろん、言葉通りであれば、子どもの気持ちを尊重する素晴らしい関わりだと思います。

問題は、言葉通りではなく「好きにしていい」と言いながら、親が望む答えを子どもに出させようとしているパターンです。

この言葉は、「本当に子どもの好きにしていいと思う気持ちがあるけれど、実際にそうされると寂しい」という親側の葛藤状態から出ている場合や、子ども側の優しさや「見捨てられたくない」という恐怖心にあえて付け込んでいる場合などがあります。

どのような場合も、親側は自分の気持ちを示さずに〝察して〟と暗に子どもをコントロールしようとしています。

このようなコミュニケーションを幼少期から繰り返されてしまうと、子ども側は常に「人が言うことは言葉通りではない。言葉の裏を読んで、常に察して先回りしなくては」と人の気持ちばかり考えてストレスを溜めてしまいがちになります。

洞察力と共感性は自分に向ける

もし、親に「好きにしていい」と言われて、「本当は○○してほしいのだろう」と親の言外の意図をくみ取っていたとしたら、察する能力は充分にあるということです。今まで充分、親の気持ちを理解して親のための行動をとってきたという証とも言えます。そんなご自身の洞察力と共感性、行動力に気づいてあげましょう。

そして、「親への配慮は充分してきた」とご自身に声をかけ、これからはその共感性と優しさと行動力を、ご自身のために使ってみようと心がけてみてください。

時には、親の言葉はあえて言葉通りに受け止めて、察する能力は親には使わないと気をつけていくことも有効です。

ご自身の能力を親ではなくご自分のために使っていけたら、日々が今以上に身軽になれるのではないかと思います。

▼「あなたのため」は親のため。
▼親からの〝攻撃〟に気づき、自分を守る。
▼洞察力や共感性は、親ではなく自分に使う。

親の生き方の強要に潜む心理

自分より人生の先輩である大人を見ていると、「自分たちが嫌な思いをしたから それを次の世代にはしてほしくない」と考えていることもある一方で、「同じ苦労をするべき」と強要する場面にも遭遇したことがあるのではないでしょうか。

たとえば、「自分は若いときに仕事を教えてもらえなくて苦労したから、自分が年長者になっても教えない」でしたり、「結婚したことへの愚痴をさんざん言っていたのに、子どもには結婚を勧める」といったりというような状態です。

こういった言動の背景にあるのは、〝自分の人生を肯定したい〟という心理と、〝怒り〟からの〝嫉妬〟という心理が挙げられます。

自分と他人の区別ができていない

私たちは、良くも悪くも、自分が経験したことを肯定しようとする心理作用があります。理想は、自分の経験をそれぞれ丁寧に考えられるといいのですが、内省力が弱いと、一括して「苦労も含めて体験すべきことだった」と全面的に肯定して、自分の人生にマルをつけたいという心持ちになります。

加えて、内省力のなさは、自分と他人をしっかり区別できないことの原因にもなります。そのため、自分が経験したことはすべて良かったと考え、「ほかの人もそうすべきだ」と飛躍した思考が生じます。

もう一方では、どこか自分の人生の一部に、後悔や鬱憤《うっぷん》などを抱いている場合もあります。その気持ちを意識化できていないと、自分とは違う生き方をしている他人を目の当たりにしたとき、「否定された」という勘違いが生じます。

それゆえ、自分の心の安定を保つために、できるだけ多くの人に自分と同じ人生を送ってほしいと無意識で願うようになるのです。

いずれにしても、自分の気持ちや価値観と向き合っていないことで、他人に自分の生き方を強要してしまいます。

親の〝自慢話〟へのすり替え

たとえば子ども側が自分の悩みを親に相談したとします。

そのときに「お父さんの時代はもっと大変だったんだ」と親の体験談を披露し、子どもにも同じような苦労をすべきだと説いたとしたら、それは本当に子どものことを思っての言動ではありません。

これは、親のただの〝自慢話〟です。

「こんな苦労も乗り越えて成功したんだ」と披露しているだけであり、子どものことを考えてもいなければ、子どもの話を聞いてもいません。

親自身は自分がした経験が正しいと思っているため、子どもに「正しいことを教えてあげている」と思い込んでおり、子どもの話を自分の自慢話にすり替えたことに気づいてもいません。

このような場合は、余裕があれば付き合ってあげてもいいかもしれません。けれど、このようなことを言われて不快になったときには、「話題泥棒」と心の中で思って、そもそもの相談の話は続けようとせず、話題を変えたほうがさらなるストレスを負わずに済むでしょう。

上に向けるべき怒りからの〝嫉妬〟

自分と同じ苦労をさせようとするとき、それは〝嫉妬心〟からであると捉えられることがあります。

わかりやすい例として、結婚の勧めを挙げましょう。

「結婚は忍耐」「お母さんなんて家政婦みたい」などと、結婚に対するネガティブな感情をたくさん話していながら、子どもには「早く結婚しなさい」と自分と同じ道を歩ませようとする親がいます。

「結婚なんてしなきゃよかった」と言っていたのに、どうして子どもに勧めるのでしょう?

その中には、「愚痴を言いながらも、結婚したことによって良いことがたくさんあった」というような、ポジティブな意味での勧めもあると思います。

一方で、〝自分と同じ苦労をすべきだ〟という歪んだ感情が存在することも稀ではありません。これは〝嫉妬〟と捉えることができます。「自分より幸せになってほしくない」という嫉妬です。

〝嫉妬心〟は引き受けなくていい

嫉妬という感情にはいくつかの意味が隠されており、必ずしもネガティブな感情とは限りません。ポジティブな感情が土台になった嫉妬は、意欲や真剣さから来た「負けたくない」という気持ちです。

一方、〝自分より楽をするなんて許せない〟という嫉妬は、強者に向けることができない怒りを弱者に向けた怒りの結果です。

つまり、親から子どもへ嫉妬心が向けられる場合、親が本来向けるべき怒りの標的はもっと上の立場の者であるということです。それは夫（子どもの父）かもしれませんし、祖父母や義理の両親などであるかもしれません。あるいは、「時代」や「社会」に対してかもしれません。

しかし、自分より強い者に怒りを向けると、やり返されてしまう危険性があります。そのため、怒りを向けても安全でいられる、自分よりも弱い者に八つ当たりするのです。

〝上から下に流れた怒り〟は、本来は子どもに向けるべきものではありません。子どもがそれを受け止める道理はない負の感情なのです。もし、ご自分の親にこのような嫉妬心を感じたら、できるだけ距離を置いたほうがいいかもしれません。

このような場合、親の心境は厄介ですので、できるだけ巻き込まれないように警戒が必要となります。

▼内省力のない親は、自分と他人を区別できていない。
▼親の〝自慢〟と〝嫉妬〟は引き受けなくていい。
▼親の〝嫉妬心〟に気づいたら距離を取る。

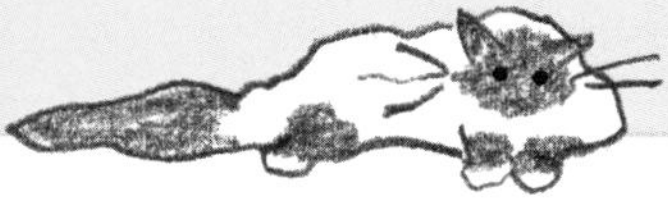

Case 4

「普通になりたい」と思い続けたDさん

専業主婦だったDさんは、お子さんが小学生になり、少し時間ができたことで働き始めることにしました。10年のブランクがあることと、子どもはまだ手がかかる年齢のため、パートタイムで働くことになりました。

夫が育児や家事に参加することはほとんどありませんでしたが、「専業主婦の自分が全部やるのが普通」と思い、がんばってきました。パート勤めが始まっても、子育ても家事も手を抜かないように毎日忙しく過ごしていました。

「はたから見れば、きっとそれなりに幸せに見えるんだと思います」と、弱々しい笑みを浮かべながら話すDさんからは、疲労と寂しさ、そしてかすかな怒りが伝わってきました。

「ほかのお母さんは正社員で働いているのに……それが普通なのに、私はできていない」

「ママ友の旦那さんはいつも子どものサッカークラブについてきていて、今はそれが普通なのに、自分の夫は知らん顔……」

「フルタイムで働いていないのだから、家事と育児くらい普通にできるはずなのに、体がだるくてどうしても起き上がれないときがある……」

Dさんは、毎日を一生懸命がんばっているのに、こういった苦労は「それが普通」で済ませていました。

カウンセリング中、親との関係に話が及んだとき、Dさんはふと「親は普通の人で、〝ああしろこうしろ〟と厳しく言う人たちではなかった。でもいつも〝普通だったらいい〟〝普通にしてくれればいい〟と言われていました。だから私は〝普通になろう〟と生きてきた……」と話され、その直後、はっと顔を上げ、

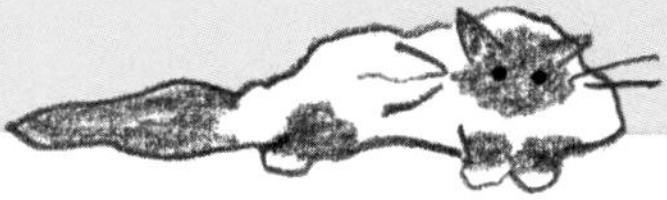

「普通ってなんですか？」

と、それまでより少し大きくなった声で尋ねられました。

〝普通〟という、さも「特別なことは望んでいない」かのように、でも本人らしさを否定する言葉を親から繰り返し聞いているうちに、Dさんは知らず知らず「自分がどう思うか」という視点を失ってしまっていました。

「自分は何を感じ、何をしているときに楽しく思い、何がしたくて何をしたくないのか」。このことを考える代わりに、「普通とは？」という答えのない問いと戦ってきたのです。

Dさんは「親のさりげない言葉が、まさかこんなに影響していたなんて」と驚いていらっしゃいましたが、この気づきを得たことで、その後はだんだんと「普通にしていないと」という呪縛から解かれていきました。

今まで自分の感情や意思表示をしてこなかったので、最初は「何をしたいかわからない」と新しい悩みを抱いていましたが、だんだんと「Dさん自身の感情」が出てくるようになりました。

「パート先で、ボス的存在の主婦の機嫌にびくびくしていたけれど、何かあったら辞めればいい」と気楽に構えられるようになり、「食器洗いは夫にやってもらうようにしました」と人に頼れるようにもなっていったのです。

現在は「子どもの帰りが遅いときに、一人でお菓子作りをするのがちょっとした楽しみの時間」と趣味もでき、「自分がどう思っているか、どうしたいか」を基準に行動できるようになられています。

Case 5

母親の愚痴や悪口を聞き続けていたEさん

Eさんは、面倒見のいい母親と気難しい父親の元で育ちました。Eさんが子どもだったころは、まだ「DV」や「モラハラ」などの言葉がなかったので気づきませんでしたが、父親は身体的暴力こそふるわないものの、精神的な攻撃をしてくるモラハラDVであったことが、30歳を過ぎてからわかりました。

Eさんの父親は、気に入らないことがあると何日も母親とEさんを無視し続けたり、不機嫌をまき散らしたりして、ずいぶんと家族を困らせていたそうです。

Eさんはそのような父親におびえながら、父親の態度に傷ついている母親にも心を痛めていました。Eさんの母親は優しいところもありましたが、「外に家庭内の不幸を知られたくない」という思いが強かったため、父親や親戚付き合いなどのすべての愚痴をEさんに話していました。

Eさんは、そんな母親の愚痴を聞きながら、母親は他人の幸せな話を聞くとすごく悔しそうに顔が歪むこと、反対に他人の不幸や苦労話を聞くと「あの人も大変なのね」と満足そうにしている様子を何度も見て大人になりました。

そのような日々を過ごしたEさんは、気づかないうちに「自分の幸せを表に出すと、誰かを不快にさせるのだ」と思うようになっていたのです。

Eさんは頭では「人の幸せを心から祝える人もいる」とわかっていたつもりでした。けれども実際は、「いつも少しだけでも不幸でいないといけない」「喜んではいけない」「楽しいことは隠さないと」と、喜びや楽しさを満喫することができず、それを誰かと共有することにも抵抗を持つようになっていました。

そんなEさんは結婚をきっかけに、パートナーやその家族を知るにつれて「皆が人の不幸を喜び、人の幸福を妬むわけではない」と本当の意味で理解できたのです。

そこでようやく、「母からの呪いだったのだ」と気づきました。

自分で思っている以上に、親の影響が浸透していたということなのでしょう。

「母が妬む相手は、他人だけじゃない。私が幸せであることも面白くないのだと認められるようになりました」と、少し悲しそうにしながらも強さを感じる様子でEさんは話されました。

「気づかなかったら、私はいつまでも〝ちょっと不幸な自分〟で居続けてしまった。それは〝フリ〟ではなく、本当に不幸を招いていただろうからゾッとします。これからは、自分の幸せを充分に感じ、人の幸福も心から喜んでいきたいと思います」と気持ちを新たにされました。

第 5 章

「こうしなきゃいけない」の呪いを解く

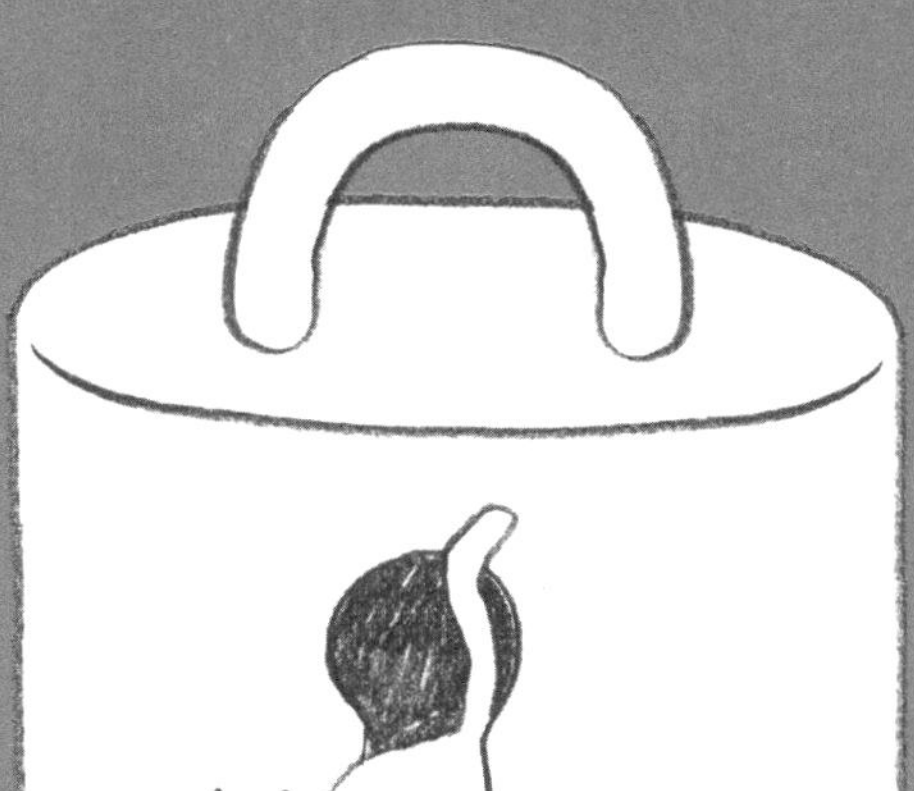

「世間の常識」という〝先入観〟

親との関係性は、それぞれの家庭での個別的な問題だけではなく、「常識」や「言い伝え」という〝先入観〟が多大に影響しています。
たとえば、「親孝行をしなさい」といった考え方、言葉などです。

こういった、時代を超えて継承され続ける〝教え〟は、程度の差はあれ、意識的にも無意識的にも私たちの生き方に影響を与えています。それは個人では到底敵わないと圧倒されるほどの「絶対的な正義」であるかのように感じられるほどです。

そのため、「私は違う考えである」と思うことすら無意識に諦めてしまっていることがあります。また、〝教え〟の通りの価値観を抱いたほうが、生きやすいことも現実としてあります。

一般的に好ましいとされている生き方が運良く自分に合っていたなら、苦しみは少ないのかもしれません。けれど、私たちは根本的に「自分のことは自分で決めたい」という特性を持っています。

ですから、〝教え〟に対し、疑問を抱くことは当然であり、自分の意思との折り合いをつけていくことが人生の課題の1つとも言えるでしょう。

一方で、意識できていないところで〝教え〟に縛られていることもあります。

自分の価値観は後からできる

私たちは、生まれたときから独自の思考を持っているわけではありません。

初めは、親や世間が持つ先入観が入ってきます。

そして通常は、幼少期から児童期は親と同じ価値観を抱き、思春期から青年期にかけて自らの価値観を再構築していくとされています。

ただ、初めて入った価値基準の影響が根深いことは、想像に難くないでしょう。

そのため、親の意に反することに自己嫌悪してしまうことは、思考の発達過程から見れば当然のことと言えます。

「世間の常識」は年長者にとって都合が良い

「親だから」「家族だから」と「仲良くしなくてはいけない」とする風潮があります。

このような「世間の常識」という〝価値観〟を教え込まれると、それに反する価値観を嫌悪する感情も同時に植えられることになるのです。

この嫌悪感が、偏見につながっていくのだろうと思います。

これは第2章で触れた、我慢を強化する要因にもなっています。

「若いときの苦労は買ってもせよ」「石の上にも三年」というようなことわざに表れている通り、私たちは子どものころから「嫌なことに耐えてこそ素晴らしい」というような歪んだ価値観を教えられています。

このような我慢を過大評価する教えは、同時に我慢しないことの否定になり、それは「自分の気分が良くなるほうを選択することへの抵抗感」につながります。これが家族に関することになったなら尚更、「楽をしようなんて許されない」「自分を犠牲にしてでも支え合うべき」と縛られます。

なぜこのような教えがなされるかというと、**我慢させたほうが社会は安定し、大人に都合がいいから**でしょう。

こういった個人の我慢を称賛する教えは、個人のために発生したわけではなく、あくまで「社会のため」「年長者のため」に教えられている側面が強いものです。

もちろん、個人のために全くならないわけではありません。

けれど、〝自分に必要な我慢〟と〝不必要な我慢〟とがわからなくなるくらいには、個人を無視して教えられていると思います。

もし、今まで教えられてきた価値観と違う思いを抱く自分に自己嫌悪することがあったら、「親の価値観から抜け出せる時期がきた」と捉えてみましょう。その嫌悪感は、自分らしい生き方をしていこうと動き出したからこその、新たな価値観が表れている証と言えます。

自己嫌悪は〝教えという呪い〟のせいにすぎません。呪いの縛りに引き戻されずに、ご自身の中で育った自分の価値観を大切にしていけたら、さらに自分に合った生き方を歩んでいくことができるのではないかと思います。

▼親との関係性は、個人の範囲を超えた世間の影響が大きい。
▼〝世間の教え〟という先入観は〝呪い〟になる。
▼「自己嫌悪」は、親の価値観から抜け出す兆しかもしれない。

呪いの言葉を解こう①「親孝行」

「子どもを愛さない親はいない」ですとか、「親の心子知らず」ですとか、親側の心中をおもんぱかるフレーズが世の中にはあふれていますよね。

これらの格言は、すべて親側の視点です。こういったフレーズを作っているのは、年長者であり強者であるということを改めて強調したいと思います。

つまり、上の立場の人たちに都合の良いように作られているものであって、必ずしも正しいわけではないのですよね。

このように広まっている通説には、「大人側が強者である」という事実を伏せて、さも「被害者」かのようなニュアンスを暗に含んでいるものがあるのは悲しいことです。

このように世代を超えて浸透している世間の価値観が、〝呪いの言葉〟としてご自身の心に影を落としていることが少なくありません。

ですので、教えられた価値観とご自身の価値観を少し区別できるようにするために、「常識」「言い伝え」を疑ってみましょう。

ここでは、代表的な呪いの言葉を取り上げて反論することで、その縛りを少しずつ緩めていけたらと思います。

「親孝行」は親側に都合の良い偏った言葉

「子ども孝行」「子ども不孝」という言葉は存在しないのに、「親孝行」「親不孝」が言い伝えられている歴史こそ、強者の都合によって作られていることを象徴していますよね。

「親孝行」と言うと、それは極めて素晴らしい行いであるように認識し、親より自分を優先すると人間的に問題があるようにすら感じてしまいます。

親側の都合の良いように作られているのですから、子ども側には従わざるを得ない心理作用を起こさせるようにできているのですよね。


けれど、「親孝行」のためにご自身のケアが後回しになっていたり、大切なパートナーの多大なストレスになっていたりするなら、必ずしも素晴らしい行いとは言えない負の側面を持っているのではないでしょうか。

そう考えると、「親孝行が善で親不孝が悪」なんて、まさに親に都合が良い偏った思考であることがわかります。


そもそも、「親孝行」という恩返しをしなければならないほど、子どもは親に迷惑をかけるばかりの存在だったのでしょうか？

そんなことはないはずです。

まず、子どもを産むか産まないかの選択権は親にあります。

その後は、子どもを持ったことによって体験できた幸福があったはずです。
そうでなかったとしても、親の幸不幸の責任は親にあり、子どもにはありません。
加えて、決定権はいつも親にあったはずです。

〝呪い〟は「すべき思考」を連れてくる

こういった言葉が〝呪い〟と化すのは、自分の正直な気持ちを優先することができなくなり、「〇〇すべきだ」という思考になってしまう点です。

「(親だから)嫌だと思ってはいけない」
「イベント時は一緒に過ごさなくてはいけない」
「親が不満に思うようなことをするのは親不孝者」

けれど本当は、もっと自由で選択肢はたくさんあるはずです。

日々の生活が忙しければ、親からの連絡を鬱陶《うっとう》しいと思っても当たり前でしょうし、必ずしも毎年のイベントを共に過ごさなくてもいいはずです。

いつもしなくてはいけないわけではありませんし、気持ちは何を思おうとも、感情そのものに良い悪いはありません。

「親孝行」という教えによって不必要にご自身を圧迫してしまっていたら、それは〝呪い〟になっているということです。そのような場合、「教えは親（＝強者）にとって都合良く作られた言葉なんだ」ということを意識するだけでも、その縛りからは解放されていくように思います。

- ▼〝教え〟は、年長者と強者に都合良く作られている。
- ▼〝呪いの言葉〟による「すべき思考」に気づく。
- ▼あなたの気持ちは自由で、思考も行動ももっと選択肢がある。

呪いの言葉を解こう②「わがまま」

「わがまま」という言葉は、相手をコントロールするための簡単で影響力の甚大な呪いの言葉です。なんの根拠もないたった4文字なのに、出来事の背景をすべて無視して、人格否定と深い罪悪感を抱かせる威力があると感じます。

「わがまま」という言葉は、自分にも他人にも使わないでいたい言葉です。

この言葉は、大人から子どもに使われることがほとんどです。そのため、大人になってから自分の中で「私はわがままなのかな」と考えるとしたら、それは子どものころの体験が関係している可能性が高いと言えます。

さらに、「自分はわがままではないだろうか」と考えることが多いということは、かつてこんなことがあったからではないでしょうか？

「わがままと言われたことに深く傷ついた」

「〝わがままと称された誰か〟に嫌悪感を強めた」

「自分の希望を素直に出すことをわがままと言われて、許されなかった」


いずれにせよ、何か心が傷つく体験をしたことが原因である可能性があります。

そうであれば、「わがままではないか」と自分に問う声は、子どもだったときの親からの声だと気づくことが大切です。

「わがまま」という言葉は大人側の都合

子どものころに「わがまま」と言われる状況とは、たいてい「自分はこうしたい」という欲求を表したときだと思います。

そもそも、「○○したい」と思うことは自由です。それ自体が悪いことでは決してありません。

その「欲求」について、子どもの自分だけではできないので親に承諾してもらう必要があったから頼んだ結果、「わがまま」と言われたのでしょう。だとしたら、できない理由を具体的に説明することが親側の適切な対応です。

ただ、現実的には子どもに我慢させるために大人が「わがまま」と言って終わらせることは仕方がない面もあるとは思います。

けれど、それは親の都合であって、子どもの問題ではありません。

子どものころは、「わがまま」と言われてしまったら立つ瀬はありません。

だからこそ、深く傷つき、心に刻まれてしまうのでしょう。

「わがままかどうか」は判断基準にしない

自分の気持ちや行動について「わがままかな？」と考えることが多いと、その思考は生き苦しさを強めてしまう原因になります。

なぜなら「わがまま」という言葉は、上から下へ言うことを聞かせるために使われる表現であり、論理性にも欠けているため、**わがままかどうかでは物事の適切な判断にはつながりにくい**からです。

加えて、言葉そのものがネガティブな意味のため、自問するほど否定的な感情を伴ってしまいます。

「わがままかな?」と考えれば考えるほど自己否定感が強まり、自分はどうしたいかを見失ってしまうことになり、ストレスにしかならない呪いの言葉なのです。

そのため、**まず「自分はわがままなのか?」という自問をやめていくことが呪いを解く手立てになります。**

あなたは、今はもう大人になっています。親の許可は必要ありません。

ご自身の行動は、ご自身で選ぶことができます。

「親の言うことを聞くしか選択肢がなかった時期はもう終わった」としっかり意識できたら、かつて「わがまま」に傷ついた気持ちを癒していくことにつながっていきます。

▼「わがまま」は大人の都合で子どもに使用される言葉。
▼かつて「わがまま」と言われて傷ついた自分を癒す。
▼今は「わがまま」と言われることを恐れなくていい。

呪いの言葉を解こう③「いい子」

「いい子」という表現も、大人に都合のいい在り方を表している代表的なものですよね。

大人になり、ご自身の気持ちや状況と向き合う過程で、親に対してネガティブな気持ちを感じることが多くなり、これまでとは異なる対応をし始めると、ご自身のことを「性格が悪くなった」と思われる方がとても多いです。

周囲からも、「前はそんな文句言ってなかったのに」「前はもっと優しかったのに」などと心ないことを言われてしまうことがあるかもしれません。

このように、「自分の性格が悪くなった」と思ったら、**「誰のための〝いい子〟だったのか」を考えてみましょう。**

それまでの「いい子」は、自分にとって良かったのでしょうか？

さらに今「性格が悪い」とは、「誰が言っているの？」と優しく問いかけてみてほしいと思います。

もし、「いい子」だったときの自分の対応が、ご自身にとっても良いものであったならば、きっとこの本は手に取っていないのではないでしょうか。

我慢を重ね、他者を思って生きてきた人ほど、自分の気持ちを認めるという過程では、「性格が悪くなった」と捉えてしまうことが珍しくありません。しかし言い換えれば、親にとっての「いい子」からの脱却とも言えるのだろうと思います。

自分にとって「いい」在り方を考えるほうが大切

このような場合、性格というような「全部」を評価するのではなく、「ここは譲れない価値観」「これは気になっても言い方に気をつけよう」「いろいろ言ってしまうのはわかってほしいからなのかも」など、少し細かく自分を捉える機会にしてみてほしいと思います。

「いい子」が悪いわけではありません。大事なことは、その在り方は自分自身が選んでいるのかという視点です。

もし「自分勝手になった」と思ったなら、それはやっと自分が自分の味方になったという証であることがあります。

▼「いい子」は親のためのもの。
▼誰かにとっての「いい子」はやめていい。
▼「自分勝手になった」のは、自分の味方になれたからかもしれない。

呪いの言葉を解こう④「親だって完璧じゃない」

親子問題を考えるとき、よく「親だって完璧じゃない」という意見が出てきます。しかしながら、子ども側としては親に完璧を求めているわけではないと思います。

親の目線で「親だって完璧じゃない」と言うときは、「だから文句を言わずに受け入れろ」と子ども側に全面的な受容を要求していると感じます。このような心理になるということは、親側は子どもを自分に従うべき存在だと下に見ているからであると考えられます。

「親は完璧じゃない」からといって、文句を言わずに受け入れなさいというのは暴論ですよね。親は完璧じゃないことも事実であり、そして親以上に未熟で弱者であったのは子どもであるということも事実です。

「親だって完璧じゃない」との主張に出会ったら、「あちらはこちらを下に見ているようだ」と気づきながら、こちらは下の立場に誘導されずに対等な目線を保ちましょう。

親との関係も1つの対人関係と捉えてみる

親に限らず、自分も他者も完璧な人などいません。

そういう視点で、親とのことを、大人としての1つの対人関係と捉えられると選択肢が増えることがあります。

もちろん、親という存在は特別です。

だからこそ、他人だったら許されないことも許されてしまうような、不適切な関わりが横行してしまうという負の部分を持っています。

「これが知人だったらどうだろう？」と親との関わりを考えてみると、ご自身が我慢していることや、ご自身の痛みや親への思いやりを見つけることができるかもしれません。

そのうえで、「自分はこの人といて、どう感じるのか」「ストレスを感じるなら、減らせるようにしてみよう」という基準は、親に対しても持っていていいのだと思います。

大人になるにつれて、親と子どもとが、「共に完璧じゃないところも含めて、お互いに個性ある大人」という関係性を結び直せたらベストかもしれません。

▼「親は完璧じゃない」からといって、すべてを受け入れなくていい。
▼親との関係を、1つの対人関係と捉えてみる。
▼親とは大人としての対等な目線を保つ。

呪いの言葉を解こう⑤「後悔するよ」

自分自身で「今こうしないと後悔するな」と考えることについては、なんの問題もないことだと思います。

ここでは、自分なりに悩み考えて出した結論に対し、親から「後悔するよ」と言われてモヤモヤしてしまった……というときのエールとして取り上げます。

まず後悔するかしないかは、未来の自分が決めることです。未来のことは今の自分にはわかりませんから、「後悔しない」と断言できないこともモヤモヤの一因になっているかと思います。

加えて、私たちは一度の人生しか経験できません。いつどのようなときも、選ばなかった別の道がたくさん存在しているでしょう。

そのため、後悔しようと思ったらいくらでもできてしまうのです。
それこそ、**「親のことばかり気にして生きてしまったけれど、自分の好きなようにすればよかった」**と後悔する可能性も充分あり得ます。

そもそも後悔することがそんなに悪いことなのでしょうか？
後悔も人生の味わいとできたなら、いいものにもなり得るのではないでしょうか。

ただ、そうはいっても、後悔には取り返しのつかなさという「怖さ」がつきまとうので、できればしたくないと思うのも自然なことではあります。

「後悔するかどうか」は他人にわからないこと

そのうえで、「後悔するかどうか」は未来の自分自身が決めるのなら、未来の自分が今の自分の選択を理解できたなら、後悔もさほど深くはならないのではないでしょうか。

そのための大切な要素に、「今の自分が考え悩んだか」ということが挙げられます。

今、この本を読むほどに、親との関係に悩み考えているあなたが決めたことなら、きっと未来のあなたは今のあなたを応援してくれるのではないでしょうか。

何より、「後悔するかどうか」は他人にわかるはずはなく、未来の自分だけにその選択権があることに自信を持ってほしいと思います。

▼「後悔」は他人にわかることではない。
▼「後悔するかどうか」は未来の自分が決める。
▼未来の自分は、きっと今の選択を応援してくれる。

Case 6

「迷惑をかけるな」と親に言われ続けたFさん

Fさんの母親は定年まで保険のセールスレディとして働き続け、いつもパワフルでサバサバした性格でした。一方、Fさんは繊細で物静かな方でした。

そのため、Fさんはエネルギッシュな母親に圧倒されてしまうことが常で、悩みを母親に話しても「気にするな」で済ませられることが多かったと言います。

そんな元気のいい母親の口癖は、「人に迷惑をかけるな」でした。

もっともな教えなのかもしれませんが、繊細で思慮深いFさんは、自分の悩みを話したときの母親の表情が「迷惑そう」だと子どもながらに感じ取りました。

その体験から、「悩みを話すのは迷惑をかけること」という考えになり、Fさんは自分の心身の不調もめったに言わないようになりました。

Fさんは、常に「一人でなんとかしなきゃ」と思い、子どものころは不安になったり嫌なことがあったりすると、「家にある食べ物をとにかく食べることでストレスを紛らわせていた」と、孤独なストレス対処を語られました。

「一人でなんとかしなきゃ」という適応策は強化されていき、大人になると買い物がFさんのストレス対処法になりました。

その結果、適切な範囲であれば問題ないのでしょうが、時にはキャッシングしてまで買ってしまうほど、「嫌なことがあると買い物がやめられない」という事態になってしまったのです。

そこでようやく、Fさんは今のパートナーに事情を話し、助けを求めました。

パートナーは力になってくれましたが、Fさんの「迷惑をかけてしまった……」という落ち込みは深いものでした。

「これからどうしたらいいか考えよう」とパートナーと話し合う中で、「困ったら早めに言ってほしい」と言われましたが、Fさんにはそれができそうもなく、助けを求めることがどうしてこんなにできないのか……と思い悩んでしまいます。

そこで、カウンセラーに相談したところ、「〝一人で抱えず誰かに相談しましょう〟とよく耳にしますが、〝人に迷惑をかけてはいけない〟と強く思い、誰かに相談して傷ついた経験がある人ほど、そう簡単に人に頼ることはできない」と伝えられ、今の自分の状態はおかしいことではないとようやく思うことができました。

「迷惑をかけるな」という教えを守って、限界を超えても一人で対処し続けたのに、「もっと早めに相談してくれれば」と言われてしまったら、もはやどうしたらいいのかわからなくなってしまうのは当然のことですよね。

Fさんは、改めて「母に助けてほしいと声をあげたのに、助けてもらえなかった」という過去の体験の心の傷の深さに気づきました。

同時に、「どのレベルになったら人を頼っていいかわからない」という気づきも得ることができたのです。

まず、「人に相談していいストレスレベル」を考えていることこそ、自分よりも他者のストレスをおもんぱかっている表れです。その分「自分のストレス」には鈍感になるために、なかなかストレスを自覚できません。加えて、言葉にして伝えることも慣れていないので、尚更誰かを頼ることはできなくなります。

そこで、Fさんはまず、その日にあったことを日記に書くことからスタートしました。それから、3日に1回はパートナーと「おしゃべりの時間」を必ず設けるように予定を組みました。このように言葉や文字にすることは、自分の気持ちを認知するためにとても有効です。

そうしていくうちに、Fさんは自分が買い物をしてしまうきっかけになる出来事が、「自分を否定されたと感じたとき」だと気づきました。

そして、「なぜ否定されたと感じるのか」と深めて対策を考えることで、ストレスを感じた際に買い物以外の解消法を使用できるようになっていきました。

Fさんは「〝元気にしなきゃ〟と思い過ぎていた」と語り、「疲れていたら少しくらい表情に出したって、誰の迷惑でもないですよね」と、スッキリした表情で日々のご自身と向き合えるようになっていきました。

生きることは迷惑のかけ合いです。

そして、こちらの「相手の迷惑になるのでは」という懸念は、的外れなことも多々あります。人は、誰かから相談されたり頼られたりすることは、迷惑ではなく「嬉しい」と感じることもたくさんあるからです。

相手がどう思うかを決めつけず、もちろん「人に頼ったほうがいい」とも決めつけず、ご自身にはどんな在り方が合っているのか、Fさんのようにゆっくりと見出せていけたら素晴らしいと思います。

第6章

「親がしんどい」を軽くする対処法

親と関わるときは自分を気遣う

ここまで、ご自身の気持ちに気づくための手立てを整理してきました。これは、自分にとってベストな選択をするためには、ご自身の気持ちを的確に知ることがとても重要だからです。

そのうえで、「親がしんどい」とき、今までと同じように関わっていると、しんどさは増す一方になってしまいますよね。

もちろん、縁を切るという選択をせざるを得ないケースもたくさんあります。ただ、誰も最初から「親と縁を切りたい」とは思っていないでしょうし、縁を切りたくても切れない状況にある方々は、とても大勢いらっしゃると思います。

そこで、**これから親と関わるときにご自身の「しんどさ」をほんの少しでも軽く**

するためのコツを整理していきます。

親ではなく自分に意識を向ける

自分の気持ちも相手の気持ちも、どう思うかはそれぞれの自由になります。

ただ、そういった〝線引き〟がなくなってしまうのが親子の良いところでもあり、苦しみを生む原因にもなっています。

そのため、まず「親がどう思うか」と親側の心中を考えることはちょっと脇に置いて、親の心中よりも、自分がどう感じているかを意識するようにしましょう。

そう考えると、「もし怒りを感じたとき、それを意識したら怒りが増幅してしまいそう……」と不安になるかもしれません。

けれど、実際は逆の作用になることがほとんどです。

自分の気持ちを「観察する」

どのような気持ちも、自分で認識できると、それは同時に「観察できている状態」に移行します。観察は、一定の冷静さが伴っていないとできませんので、自分の気持ちに気づいていない状態よりも、圧倒的に気持ちを落ち着かせることができます。

ご自身や他者が傷つくような〝感情への巻き込まれ〟を防ぐには、「自分は今どのような感じかな？」と気にかけてあげることがとても重要です。

親と関わるとき、今までより意識的に「自分は今、落ち着いてる？」「ちょっと不快になった？」「意外と今日は良い感じ？」と自分に関心を向けてみましょう。

慣れないうちは、親との会話が上の空になることがあるかもしれません。

でも、それでいいのです。

今までの慣れたパターンを変えるのですから、初めは「親の話を聞いてなかった」というように、身が入らないくらいでちょうどいいのです。

きっと、今まではしっかり身を入れて対応してあげていたのだと思います。そんなご自身の献身にも気づきながら、〝親より自分〟に心を向けていきましょう。

それが、固定化されたパターンからの脱却になっていきます。

▼親よりも自分を気にしてあげる。
▼自分の気持ちを冷静に「観察」してみる。
▼親との関わりで「慣れたパターン」を少しずつ変えていく。

親と話すときのコツ

対人関係は相互作用です。自分の感覚に意識を向けながらも、具体的に親とどのように気持ちを交流させたらいいか、関わり方に困ることがあることと思います。そこで、このテーマでは親と話すときのコツについてお伝えしていきます。

不快感はテンションダウンさせて伝える

まず、親と関わるときは「感情は移り、伝わり合う」ことを意識しましょう。怒りは怒りを呼んでしまいます。逆に、相手が嬉しそうにしていたらこちらも嬉しい気持ちになりますよね。ですので、相手の怒りを刺激しないことが、自分もしんどくならないポイントです。

そして、不快になったとき、それを相手に言うかどうかも、ご自身の気持ちに沿って決めることができます。言わない選択肢もあるうえで、もし親の言動に不快になってそれを伝えるなら、怒りで出すのではなく、「悲しい」「寂しい」「つらい」といった言葉にしてみましょう。

態度は攻撃態勢ではなく、しんみりと落ち込んだ風にしてみると、攻撃される危険性が減り、こちらの不快感を親が受け止めやすくなります。

たとえば、「そんなこと言うなんてヒドイ！」と非難するよりは、「そう言われてしまうと悲しくなる……」という具合にテンションダウンしてみましょう。

もしイライラや不安などの不快感によって「気が立っている」と感じたら、ご自身の声のトーンや言い方、動作を意識的に和らげてみてください。そうするだけで、本来のペースが取り戻せることがあります。

ただ、このときもご自身のことを第一に考えることは忘れないでいましょう。

「親にわからせること」を一番にしていると、それは親次第になってしまいますので、どうしてもヒートアップしてしまったり、裏切られた気持ちになってしまったりしてしまいます。

対処法を決めるポイントは、自分がさらに傷つくことを防いであげることです。

テンションを上げずに表現できると、あちらを刺激せずに済み、こちらは我慢し過ぎずに済むので、それなりにお互いを大切にできることになります。

そしてご自身の気持ちを言えたことで、相手がどうあれ「自分で自分を大切にできた」と思える対処になります。

ヒートアップしたら離れる

とはいえ、冷静でいようと思っても、なかなかできないのが親子ですよね。

別居していてたまに会うという場合でも、感情的になってしまうことがあってもおかしくありません。まして同居していたら、お互いに親子関係以外のストレスや疲労も重なってぶつかりやすくなってしまうものです。

もし、お互いに言い合いなどで感情的にヒートアップしてしまったら、とにかく少しでも離れましょう。

同じ家に住んでいるなら、自室に入って会話を中断しましょう。外出することが可能であれば、家の外でしばらく過ごしてクールダウンしてから戻るといいと思います。

もし外出先でケンカになったら、10分でもいいですから、いったん離れましょう。そして深呼吸をし、ご自身のドキドキを少し落ち着かせてあげましょう。

できれば、「ケンカになったら離れる」とお互いに事前に約束できているとより有効です。お互いの共通認識にできていれば、どちらかがヒートアップしたらもう一方が離れる行動に移せます。加えて、離れようとした側を残された側が追いかけたり、責めたりせずに済みます。

そして相手から「逃げた」のではなく、「もう一度良い状態で関わるため」という前向きさも共有することが可能になります。

大事な話は「家以外」で行う

親と何か大事な話をしたいときや、感情的になってほしくないときには、「家以外」の場所で話すことも大切です。

私たちにとって、家は一番安心できる場所であるからこそ、相手との境界線がわからなくなり、心のブレーキが効かなくなるという部分を秘めています。そのため、いつも過ごしている家だと、どうしても冷静さを欠いてしまいます。

家から一歩外に出るだけで、気持ちはほんの少しでもピシっと緊張感を持つものです。親と大事な話が必要になったときや、感情的になってほしくない、なりたくないときには、家から出て外で話したほうがスムーズに話が運びやすくなります。

- ▼不快感を伝えるときは、テンションダウンさせる。
- ▼ヒートアップしたらその場を離れる。
- ▼大事な話は「家の外」でする。

目標を低く持ち、期待値を下げておく

人は、期待値が高ければ高いほど、期待通りにいかないときにガッカリしてしまうものです。期待するのは見込みがあるからでもありますが、その反面、裏切られたという憎しみを生んでしまうものでもあります。

加えて、期待を抱き目標を高く設定していると、小さな成果や小さな負担を見過ごしやすくなってしまいます。これは、相手に対しての期待に限らず、自分自身に対しての期待も同様です。

たとえば、今「親がしんどい」と感じているのに、親とのことを考えることができている場合、既にご自身のしんどさと向き合えていると言えます。まずその〝がんばり〟を努力できていると捉え、目標を1つクリアしていると思いましょう。

目標はプレッシャーを軽減する内容に

実際に親と関わるときには、たとえば「優しく接しよう」という思いが浮かんだら、それよりも具体的な目標は下げて設定してみましょう。

「優しくとまでいかなくても怒らずに終われたら良し」「楽しめなくてもケンカしなければＯＫ」というように、意識して少しハードルを下げて、ご自身にも相手にもプレッシャーをかけない声かけを心の中でしてみてください。

ほかにも、何か親に伝えたいことがあったら、「うまく伝えられなくても、言うことができればいい」と少しでも気が楽になる目標にしてみましょう。

何か親に聞きたいことがあったら、「今日はとにかく軽く聞ければいい」として、「全部聞けなかったらまた後でもいい」という余裕を、ご自身に持たせてあげるようにしてみてください。

意識して行動の目標を調整できると、「全部正確に伝えなきゃ」と緊張を強くしていたり、「親はなんて言うだろう……」と思い悩んでしまったりすることに、少しストップをかけられます。すると、心に少しの余裕が生まれ、自分の行動を選びやすくなります。

同じように、親の思い出話や愚痴に対しても、「そんなに真面目に聞かなくて大丈夫」と力を抜いてみましょう。そのうえで、たとえば「うまく聞き流せるように、一緒にショッピングしながらにしよう」というような、ご自身に過度な負担がかからない工夫をしていけたら素晴らしいです。

物理的に距離を置く

よく言われていることではありますが、親がしんどくなっていたら、物理的に距離を置くことが最も必要になります。そばに居ながら巻き込まれずにいるというのは、至難の業なのですよね。

その場合、今よりも親と関わる「回数」「時間」を減らし、反応スピードを遅くしてみましょう。

親と別居していたら、「電話は1回目で出ない」「1カ月に1回会っていたなら、2カ月空けてみる」「いつも実家に泊まっていたなら、日帰りにしてみる」などなど……。

同居されている場合は、意図的に離れる時間を作ってみましょう。
数時間でもカフェで一人の時間を満喫したり、ストレスや疲労が溜まったときには近場のビジネスホテルを利用したりすることで、ご自身のバランスを取り戻せることがあります。

まずは少しだけ、でも明らかに関わる程度を下げてみましょう。

親側にも、だんだんと慣れてもらう必要があります。

「もう縁を切る」という状態でない限り、距離を置くことの本心は相手側には言わないでいたほうが無難であることが多いです。子ども側としても、親を傷つけたいわけではないでしょうし、どのような距離がベストであるのかを模索していく最中ですので、不要な衝突は避けていいと思います。

意識的に今までより接触を減らしながら、ご自身がどう反応しているかを観察していきましょう。ご自身の状態を見ながら、親とほどほどの距離感を作っていけたら素晴らしいです。

▼目標は低く設定し、プレッシャーを軽減する。
▼しんどい親との接触は、物理的に距離を置く。
▼「自分の状態」を優先しつつ、親との適切な距離感を見つける。

自分の気持ちの整え方①

安心できる場で何度も〝話す〟

共感性が高く、親に対する思いやりや結びつきが強ければ、気持ちも揺れるものです。そのため、親とのことでストレスを感じること自体は決しておかしいことではありませんし、そのストレスはゼロにはできないものでもあります。

そうは言っても、激しい感情に支配されてしまったり、落ち込みがひどくなってしまったりするのはしんどいので、しっかりとご自身をケアしてあげましょう。

出しにくい悩みだからこそ〝外に出す〟

ストレスに対する心身の整え方はたくさんあります。その中でも、特に親へのストレスでは、単純ですが〝外に出す〟ことが最も効果的であることが多いです。

親へのストレスというのは、昨日今日にできた短期的なものではなく、長い間にさまざまな体験と共に重なって生じているものだからです。

さらに、「上司に怒られた」「友人に裏切られた」というような、他人に話して比較的共感を得られやすい悩みではない、風通しの悪いものですよね。

ご自身も「親を悪く言うものではない」と律していることが多いですし、誰かに聞いてもらうといっても、ほかの相談事よりもその他者の「親に対する価値観」が入ってしまう傾向があります。そのため、「友人に親の愚痴を話したら説教されてしまった……」というように、さらにストレスを招く結果になることも少なくありません。

このような要因が重なって、知らず知らず親へのストレスの量が増えている状態になっていきます。

だからこそ、〝少しずつ出して量を減らしていく〟というアウトプットが有効になるのです。

アウトプットの代表的な手段は、〝話す〟〝書く〟〝体を動かす〟の3つです。それぞれの対処法について、具体的に整理していきます。

安心できる場で何度も言葉にする

〝話す〟という対処は、基本的かつシンプルで非常に効果があります。

「愚痴を聞いてもらってスッキリした」という体験に表れているように、解決策を考えるよりも、ただモヤモヤを言葉にしてみるほうが、ストレス解消に有効であることが多いほどです。

ただ、話すのは誰でもいいわけではなく、安心できる相手である必要があります。親以外の家族や、信頼できる知人を頼りにできればいいかもしれません。

しかし、そういう相手がいないことも多いですし、いつも聞いてもらうわけにはいかないという状況であれば、カウンセリングを利用することも選択肢の1つです。

現在は、ネットで検索すれば、さまざまなカウンセリングサービスを提供している機関がわかります。従来の対面カウンセリングはもちろんのこと、相談室に直接出向かなくとも、電話での無料相談や、ラインやメールでのテキストカウンセリングも盛んに行われています。

批判されない相手を選び、自分の気持ちを言葉にしてみてください。

人の気持ちは、頭の中で考えているだけでは消化されず、整理もされないものです。言葉にして出すことで、モヤモヤが初めて言語化されます。言語化によって自分の気持ちが理解できたり、「過去のもの」と気づいたりできます。こうした〝話す〟ことによる消化と気づきは、その気持ちと付き合っていく助けになります。

繰り返し話すことが大切

次に、悩みやストレスは「一度話せば消化されるとは限らない」ということに触れておきたいと思います。

どういうことかと言いますと、溜まっているほど、何度も同じ話をすることが必要になるのです。

話しても消化されなかったとしたら、それは相手が不適当だったということもありますが、一度話しただけでは消化されないくらいの量があるからかもしれません。

そのため、何度でも遠慮せず、安心できる場所で繰り返し話をしてみてほしいと思います。相手や場所は変えても、もちろん構いません。

ここでのさらなるポイントは、「誰かに話すときに〝1回ですべてスッキリさせなくていい〟」と心に留めておくことです。

今日は今日に話せる分だけで良しとし、また話せる機会を作りましょう。

少しずつ、でもしっかりと外へ出す習慣ができたら、気持ちも立て直しやすくなりますし、親にぐっと引っ張られてしまうことを防げるようになっていけると思います。

無理して話さなくていい

先ほど触れた通り、ご自身の中で自然に「誰かに話したい」という気持ちが少しでもあれば、安全な場で何度も話をすることが、ストレスの軽減や新たな気づきにつながる可能性が高いです。

一方で、矛盾するようですが、「話したいと思わない」「話していると嫌なことばかり思い出してしまって、つらくなってしまう」としたら、話すことはやめましょう。これこそ、万人に有効な対処法はないことの代表例です。

「話したいとは思わないけれど、話さないと良くならないと聞いたから」であったり、実際に話してみたら「涙が止まらなくなって抜け出せないような気分になってしまった」というような状態になったりしたら、今は、**心のモヤモヤを話すことはやめて、ご自身が安心感を得られる別の対処を優先してください。**

話すことが逆効果になる可能性が高いかどうかは、「本当は話すことには気が進まない」という本音が見極めのポイントになります。

さらに、実際に話してみた後、ご自身の状態が悪くなってしまうかどうかも見極めるポイントです。もし悪くなるようであれば、今は〝話す〟ということは合っていない対処と言えるかもしれません。

つらいときは心地が良いものに触れる

話しても良くならないとき、それは安心感が足りないからである可能性が考えられます。そのため、温かいお茶を飲むことや、好きな香りをかぐなど、体で感じられる心地の良いものに触れてみましょう。

少しほっとできると思えたら、そのような「ほっとできるもの」に接する回数を増やしていくことが今の有効な対処になります。

▼親へのストレスは〝外に出す〟のが効果的。
▼何度も話すことで、溜まったものを少しずつ外に出していける。
▼「話したくない」ときは、話す以外の手段で大丈夫。

自分の気持ちの整え方②
合う手段を見つけて〝書く〟

人は、他者との関わりが必要な生物です。

一方で、だからこそ人との関わりが深い傷にもなり、重い疲労を連れてきてしまうこともあります。人と話したくないときもあるものです。

そういった対人関係にまつわるデメリットを調整できる対処に、〝書く〟が挙げられます。


〝書く〟という対処は、ストレスの解消と整理に非常に有効で、安全な手段です。

昔からある日記はもちろんのこと、近年のブログやSNSでもその有効性は示されているかと思います。

誰にも見られず、気を遣わずに書きたいときは日記にし、「リアルの知人には話せないけれど、誰かに向けて愚痴を言いたい」ときにはSNSでもいいでしょう。

このように、**他人との関わりを制限できる安全性があることが、〝書く対処〟の利点の1つです。**

〝書く〟だけで頭の整理になる

どのようなツールを使っても、自分が感じたことや考えたこと、起きたことを書くというアウトプットは、頭の整理整頓になります。

人のストレスには、はっきりと認識できる出来事もありますが、なんとも言い難いモヤモヤしたものとして心身に残っていることが非常に多いものです。

そのモヤモヤには、「今日は天気が悪かった」「寝坊してかなり焦った」「足を机の角にぶつけて痛かった」などの些細なストレスも含まれています。

そういった小さなことも〝書く〟ことができると、見過ごしていたストレスを拾ってあげることができ、消化につながります。

親へのしんどさも、こういった日々のほかのストレスが少ないほど、軽く感じられるという側面があります。

また、〝書く〟ことの有効性はネガティブなことに限りません。

「今日は天気が良くてすがすがしかった」であったり、「同僚の話を聞いて久しぶりに爆笑した」であったり、ポジティブな出来事を記すと、ささやかな幸せを実感できる手段にもなります。

まずは何もなくても〝書く〟ことが大切

「書いてみようかな」と思えたら、初めは何もなくても書くように心がけてみてください。一行でも二行でも構いません。

書くツールは手帳でもいいですし、スマホのメモ機能に打ち込んでもいいですし、気に入った日記帳を使用してみるのも素敵ですね。

ご自身がやりやすい方法でやってみてください。

「初めは〝何もなくとも〟書いてみよう」という意図は、人はストレスがかかったときに慣れないことをいきなり行うことが難しいからです。

慣れていけば、書きたくなったときだけでもちろん構いません。

もし、もう既に日記などを書いているとしたら、ご自身で有効な対処をきちんと取れている証だと自信につなげてほしいと思います。

合わないときはやらなくていい

「書こうと思えない」「やってみたけれど続かなかった」という場合は、それは書くという対処は合っていなかったということですので、どうかお気になさらず、ほかの対処を試してみましょう。

万人に合う対処法は存在しませんし、一人の人の中でも内容や時期によって有効な対処法は異なります。

1つでも、100の強さだった負の感情を80くらいに減らせる方法を見つけられたら、充分にストレスマネージメントできていると思います。

▼〝書く〟というアウトプットは、他者からの反応を制限できる。
▼〝書く〟だけで頭の整理につながる。
▼まずは何もなくても〝書く〟ことから始める。

自分の気持ちの整え方③

できる範囲で〝体を動かす〟

ストレスケアに関して、運動を代表とする〝体を動かす〟ことの重要性は広くアナウンスされていますよね。

運動が有効である理由はたくさんあります。その中で、体を動かすことによって意識が体に集中するために、怒りや不安によって活性化され過ぎてしまっていた神経系を調整できることが有効な要素の1つです。

たとえば、イライラしたときにジムで動いて汗をかけば、少しイライラが収まることがイメージできるのではないかと思います。

ただ運動の弱点は、「楽しいか楽しくないか」が多分に影響するという点と、ある程度の余力がないとできないという点です。

ものすごく疲れていたら運動するより休んだほうがいいでしょうし、運動そのものがあまり好きでなかったらやっていても続かないのは無理もないことです。

自分に合った運動を見つける

既に運動が習慣化されている場合は問題ありませんが、運動が良いと知っているけどできないときは、ご自身の状態を丁寧に見てあげてください。

近所に外出したときは、どのような気持ちになるでしょうか？

もし、「体を動かすとちょっと気持ちが晴れる」のであれば、次の天気が良い日にゆっくり散歩に出てみるのはどうでしょう？

一方で、「そもそも近所でも外出するのはしんどい」のであったら、今はとにかくゆっくりと静養されたほうがいいかもしれません。運動は時期尚早ですので、どうかお気になさらず、休養を優先してくださいね。

もう一方で、休養が必要とは違うけれど、新しく運動を取り入れることが自分には合っていないと感じられるときには、「運動していないな」と思うより、実は既にできている運動を見つけてみましょう。

日々当たり前に行っている、ちょっとした片付けなどの家事や通勤も運動です。日常生活の中で自然にしている〝体を動かすこと〟を意識するだけで、メンタルヘルスに一定の効果があるとされています。

「運動しなきゃ」と義務に感じてしまうと、かえってストレスになります。どうすると自分の気持ちが良くなるかなという視点で、〝体を動かす〟ことを広く捉えてみてください。

ストレス対処は「楽しいかどうか」が大切

ストレス対処は、どのような方法を用いても「ほんの少しでも楽しいかどうか」

がとても大切です。ただ、「自分に合うかどうか」「楽しめるのかそうでないのか」は、試してみないとわからないことでもあるのですよね。そして前は合わなかった方法が、今は合うということも非常に多く見受けられます。

かつて効果がなかった対処法でも、今は有効に使用できる可能性を秘めています。逆にかつては有効であったけど、今はかえって心身の悪化を招く対処になっていることもあります。

日々忙しいと、なかなかご自身を丁寧に見てあげられなくなるものです。ぜひ、ここまで紹介してきた対処法で気になるものを試してみて、改めてご自身の感覚に意識を向けてあげてください。

- ▼〝体を動かす〟ことで心身が整う。
- ▼日常の動作を意識するだけでも、効果がある。
- ▼ストレス対処は、「楽しい」と思える方法を探すことが大切。

時間をかけて感情と付き合う

「親へのしんどさ」に限りませんが、ネガティブな感情を減らそうとするときに大事な心構えとして、感情をすぐにゼロにしようと急がないということがあります。

不快な気持ちは直ちになくしたいですよね。けれど、不快な気持ちにはその気持ちなりの積み重ねと理由があって感じられているのです。

これまでの章で触れたように、強くて不快な感情ほど、その根っこは子どものころのものであった可能性が高くなります。

そうであれば、今「なくそう」としてしまうことは、当時「なかったこと」にされて悲しい思いをしてしまったことを、自分に対して繰り返してしまうことになってしまいます。

強い不快感は、少しずつ時間をかけて感じてあげることで無理なく消化されていきます。

そのため、「この強い気持ちを少しでも減らせる対処（〝話す〟〝書く〟〝体を動かす〟など）を取りながら、この気持ちに時間をかけて付き合っていこう」という心構えが必要になることが多いのです。

不快感は自分の「すべて」ではなく「一部」

強い不快感に襲われると、その感情がご自身の「すべて」だと認識しがちです。けれど、そうではありません。

強い不快感を感じているのも自分自身の一部であり、ほかにも優しさや喜び、思いやりなどのたくさんの要素を持っているのが、あなた自身なのです。

ご自身の中にある不快感も「自分の一部」として、どうやったら上手に抱えていけるようになれるかが、大切な人生のテーマなのでしょう。

そのことを忘れずにいられると、強い不快感にも乗っ取られずに、「自分の一部」として抱えやすくなるように思います。

不快感は過去のものにすぎない

CASE1でも触れた、「フラッシュバック」という現象があります。フラッシュバックはトラウマの症状として、過去の体験が今まさに起きているかのように蘇ってくるものです。

このフラッシュバックは、映像に限らず、思考や身体感覚、感情として起きていることが非常に多いのが実際です。そして、「過去の反応が〝今まさに起きているかのように〟再現される」という状態は、トラウマというほどでなくとも、意外と体験されています。

特に親子関係というのは、未成熟な時代から今の自分を作った特別な関係性であり、あらゆる感情の源と言えます。そのため、今でも親というきっかけがあると、子ども時代の感覚が蘇ってくることが少なくありません。

焦りやイライラ、消えないモヤモヤ、苦しい思考は、「過去の反応である」と捉えてあげると、「今」が落ち着くことがあります。

今、親とどうなろうと、自分の命や生活に大きな影響はないのに、苦しい気持ちになることがあったら「感情のフラッシュバック」と捉えて、「今は自分のことは自分で選択できる」とご自身に声をかけてあげてみてください。

▼強い感情には時間をかけて付き合ってあげる。
▼強い不快感は「自分の一部」と受け止める。
▼今の不快感は、過去の感情が再現されているだけかもしれない。

第 7 章

親に対する関わり方は、自分で選んでいい

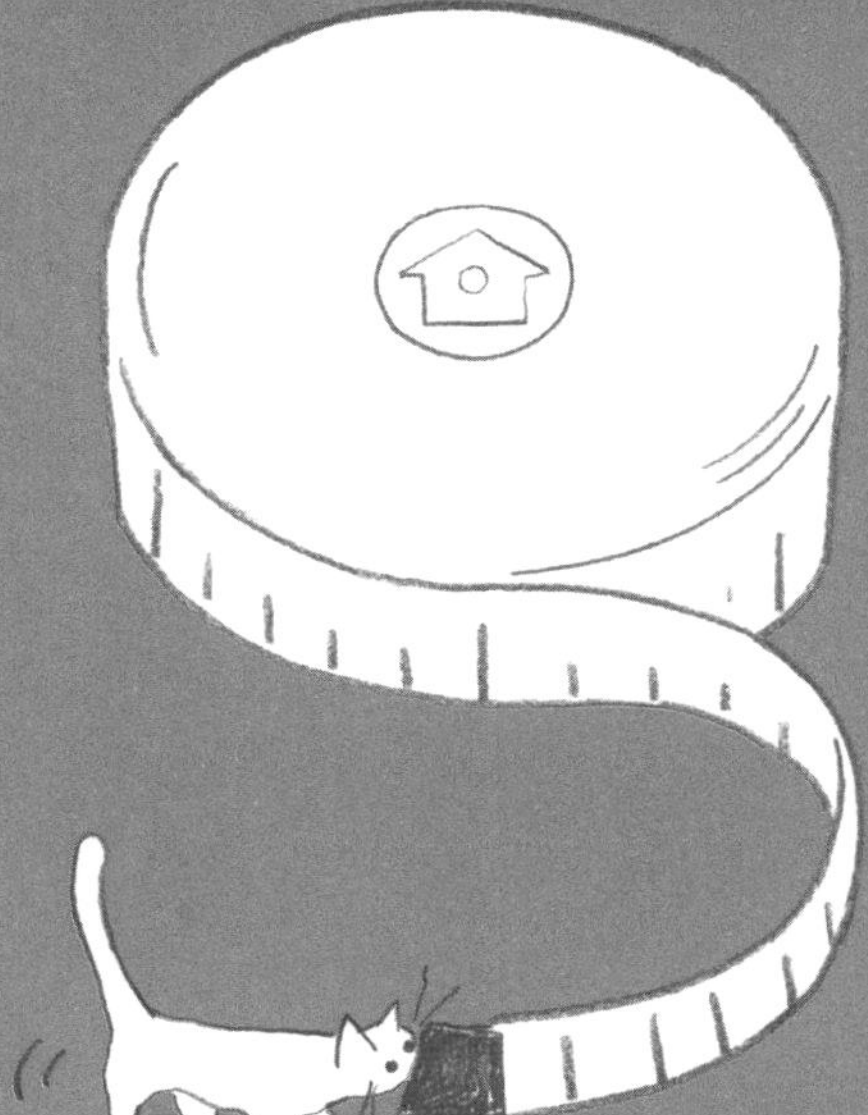

「しんどい気持ち」を孤独にしない

「しんどさ」を軽くしながらご自身に合った選択をしていくために、できれば常に心に留めておきたいことを最後にまとめます。

親を代表とする家族に関する悩みは、特に一人で抱えがちになるものです。これまで触れてきた通り、年数を重ねており、気持ちも関係性も複雑になるにもかかわらず、社会通念では「親は大事にすべき」という画一的な価値基準が根強いために、気安く打ち明けられる悩みではないのですよね。

だからこそ、**しんどい気持ちを孤独にしない**工夫がとても大切になります。

「親へのしんどさ」の〝味方〟を増やす

しんどい気持ちは、自分で自分を苦しめているかのように感じてしまうところがあります。加えて、「許せない自分がダメなのではないか」という形でも自己批判を重ねてしまいがちです。

そのため、どうしても「自分がおかしいのではないか」と苦しい気持ちが上乗せされてしまう傾向があります。

その苦しみの上乗せを防ぎ、時には根本から癒されることが起きるのは、しんどさが孤独ではなくなったときに集約されるように感じます。

誰かにわかってもらえたときはもちろんのこと、そうなった社会的背景や自分の心の作用という「知識」を得ることでも、孤独の緩和は生じます。

ぜひ、ご自身の「親へのしんどさ」の〝味方〟を増やしてあげましょう。

どのような方法でも構いません。ご自身の「しんどさ」をご自身で肯定できる方法や場所や人を作っていきましょう。これは現実の対人関係に限定されません。このような本を読むことでももちろん構いませんし、ＳＮＳでご自身と同じ悩みを持つ人たちの存在を知ることも充分な手立てです。

親に反抗すべきだという意味ではなく、人は心強くなれたら、自分にとって一番合った選択が浮かび、行動できるようになっていけるものだからです。

そして何より、ご自身が抱える「しんどさ」は、ほかの誰よりもあなた自身に認めてほしいものであることを忘れないでいられたら、ご自身の中にある「しんどさ」は大人のあなたのおかげで独りぼっちにならないで済みます。

▼「しんどい気持ち」を孤独にしないことが大切。
▼「親がしんどい」気持ちの〝味方〟を増やす。
▼誰よりも自分が「しんどさ」を認めてあげる。

気持ちは1つに絞らなくていい

親に対する気持ちは、複数あるのが自然なことです。
「好き」でも「嫌い」でもあり、「嬉しく」なることもあれば「不快に」なることもある……。「関わると傷つく」こともあるけれど、「関わりたい」と思う気持ちもゼロにならずに在り続けている……。

だから、気持ちは1つに絞ろうとしなくていいのでしょう。
むしろ、矛盾する複数の気持ちをあるだけ見つけて、どれもご自身の大切な感情であり思考であると大切に持ち続けられたらと思います。

矛盾する気持ちがあって当然と構え、ご自身に優しい眼差しで「今はどの気持ちが強くて、どの気持ちが弱いかなぁ？」という風に様子を見てあげてください。

「はっきりさせたい」はストレスフルのサイン

もし、このような「あいまいな心理状態は耐えられない」といった感覚に襲われたとしたら、それほど今がストレスフルというサインであることがあります。なぜなら、人は白黒つかない心理状態を抱えることが、短期的には苦手に作られているからです。

余力があれば、短期的なストレスはさほど苦もなく抱えられ、先を見据えられます。しかし、今がいっぱいいっぱいであれば、些細なグレーも耐えられないほどに感じてしまうものです。そのため「はっきりしなきゃ」と思い、親を好きか嫌いか、親と関わるのか関わらないのかと白黒つけようと自動的に考える傾向があります。

そういったときには、何かを深く考えることは先延ばしにできるといいかもしれません。

まずは今の疲労やストレスを癒し、そのあとで、親に対する思いを改めて見つけられるといいのではないかと思います。

そのうえで、「どの気持ちが本当か」というよりは「いくつか見つけられた気持ちそれぞれが大事」と受け止めていけたら素晴らしいと思います。

▼親への気持ちは、1つに絞らなくていい。
▼「矛盾する気持ちがあって当然」と受け止める。
▼どうしても「はっきりさせたい」ときはストレスフルのサインなので、まずは疲れを癒す。

〝罪悪感〟はそのままに

〝罪悪感〟は、生まれたときにはない感情で、後から生じるものです。

親や世間から〝植え付けられたもの〟であることがほとんどであるために、罪悪感は曲者です。親や家族に対して世間一般に好ましいとされる行動を「やめたい」と思う際には、非常に強く感じられる傾向を持っています。

せっかくご自身のために親への関わりを変化させようとしても、罪悪感に耐えられずに関わり方を変えられない……ということが起こります。

私たちは大なり小なり「社会的に望まれていることをしなくてはいけない」という価値観を抱えています。そのため、罪悪感が生じることそのものは、当然のことであって、個人の課題ではない側面があります。
ただ、それは大人に都合の良いように〝植え付けられたもの〟であるかもしれないのです。

行動は罪悪感に従わない

罪悪感が生じたら、基本的にはその言いなりにならず、「罪悪感をなくす行動をすると、誰に都合が良い？」と考えてみましょう。

答えが自分ではないのであれば、罪悪感を抱きながらも行動はしないようにしていくことが適切である場合が多いです。

親との関わりを考えるとき、罪悪感で苦しい場合には、「今までと同じようにしたほうが罪悪感に苛まれずよっぽど楽。でも、この苦しさを抱えてまでも変わる時期がきたのだ」という視点をぜひ持ってみてください。

罪悪感はとても苦しい感情です。取り除けるものなら取り除いたほうがよほど楽ですよね。それでも、罪悪感さえ認識できなかった時期や、罪悪感に動かされていた時期を抜けて、今は別の選択肢を持ち始めたということに気持ちを向けられたらと思います。

本来、心からやりたいことに対しては、結局やらなかったときに「できなかった」と残念に思っても罪悪感は生じにくいものです。つまり罪悪感が強いほど、本当はやりたくなかったり、負担がかなりかかることであったりします。

罪悪感を消すための行動に時間とエネルギーを費やさないとしたら、本来やりたいことに使える大切な時間とエネルギーが増えるとも言えます。

健全な罪悪感は前向きな責任感

一方で、健全な罪悪感には「責任感」という役割があります。「自分の役目を果たしたい」という前向きな気持ちの表れです。

たとえば、親に冷たくして罪悪感に苛まれるとき、「人に対して優しく接したい」というポジティブな意欲があるからこそ生じていることがあります。

そうであれば、「本来は穏やかに優しく関わりたいのだ」と気づき、「どのような状況であれば、そう接することができるだろう?」と親との関わり方を考えてみることも1つの視点になります。

一見するとネガティブなだけに見える気持ちも、そこにはポジティブな気持ちが存在しているものですので、どちらもしっかり拾ってあげましょう。

▼罪悪感は「今までのがんばり」の証。
▼罪悪感はなくそうとせず、そのままでいい。
▼行動は罪悪感に従わないようにする。

親の課題を背負わない

どうしても我慢が積み重なってしまったり、一人で抱え過ぎてしまったりする要因の1つに「親の問題を自分が解決しなくては」と思ってしまうことがあります。

そう考えてしまうのは、親側がかたくなに子ども以外を頼ろうとしないケースが多く、**子ども側の課題ではないことのほうが多い**ように感じます。

一方で、子ども側である私たちも、そのような親や世間の教えの中で育ったことで、「人に頼らず〝自分でなんとかしなきゃ〟」という傾向を強め過ぎている面もあるかと思います。

代表的な例として、「子ども側は限界まで自力でなんとか親をサポートし続け、〝もう限界〟と思い、ようやく外部機関の助けを得ようと動いた」という状況を挙げます。この子ども側の動きに対し、親側が強固に反対し、福祉サービスを受けられず、子ども側の負担が増していく一方……という結果になってしまうケースは、実際に数多く起きています。

「子どもしか頼れない」ことなんてない

このような場合、親が福祉サービスを使いたがらないのであれば、それは本来親の問題です。そのため、**私たち子ども側が「福祉サービスに頼らない部分も親に尽くさなくてはいけない」と自分の課題としなくていい**はずなのです。

けれど、親側は子ども側に「あなたがやってくれれば一番いい」と圧をかけてくることもあり、子ども側はどうしても「自分がやらなくては」とどれほど負担になってても断れなくなってしまいます。

このような状態のとき、周囲が外部のサポートを勧めても、たいていは「でも親はほかを頼ろうとしない」ということになり、「子どもの自分がやってあげないと親の生活が成り立たない」事態となります。

そのため、子ども側は無理をし続け、親は「子どもに言えばやってもらえる」という思いをさらに強める……という負の循環になっていきます。

親が困るのは「親の課題」

そんなとき、実際に外部機関に頼るかどうかよりも、まず「自分がやらなくては」という思考にストップをかけます。

「何もかも自分でやらなくていい。親が必要とすることは親がなんとかすべきこと。子ども以外に頼ることを親が拒むのであれば、それは親の問題」と考えるようにしてみましょう。「親の課題は親のもの」と意識できると、プレッシャーが緩和され、親からの脅迫的な要求にも圧倒されにくくなっていきます。

親は立派な大人です。同世代の中にはお子さんがおらず、身近に頼れる人がいない状態で生活されている方も大勢います。自分の生活で困ったら、子どもに助けてもらう以外の手立てを調べ、利用することができる程度には大人であるはずです。

心苦しくなりますが、親が将来、子ども以外の手立てを利用できるようになるためにも、負担が重いのであれば断り、それで親が困っても放っておくことが必要になるかもしれません。

▼親の課題を背負わない。
▼「自分がやらなくては」という思考にストップをかける。
▼親が困るのは「親の問題」だと割り切る。

〝ありたい自分〟でいられる範囲を見つける

親との関わりが負担になる原因に、〝嫌な自分〟が出てしまうというパターンがあります。

「怒りたいわけじゃないのに怒ってしまった」「動作が遅いことにイライラして急かせてしまった」などがあると、自己嫌悪に陥ってしまいますし、せっかく親孝行しているのに気分が悪くなってしまうとしたら、あまりに報われないですよね。

まず、嫌な自分が刺激されることが多いとしたら、それだけストレスフルというサインであると捉えましょう。

誰だって、イライラしたくはありませんし、親を傷つけたいわけではないと思います。それなのに、どうもいつも嫌な自分が出てしまうとしたら、今の関わり方は負担が重過ぎるということなのかもしれません。

もちろん、これは親に対しての負担に限らず、日々生活するうえでのストレス全般が影響していると思います。

そのため、もし後味が悪い関わり方をしてしまうとしたら、まずは減らせる負担を減らせるようにご自身の生活を見回してみることをお勧めします。

そのうえで、〝嫌な自分〟が刺激されない程度に、自分らしく過ごせる範囲を見出していけたら、長期にわたって良好な大人同士の関係性を結んでいけるのではないでしょうか。

大事なことは「選んでいい」という選択権

自分では自分の行動を選んでいるつもりでも、実はそうできていないことはけっこうあるのですよね。親に対しては、特に選択権のなさに無意識に苦しんでいることが多いと感じます。

子ども時代は選択権が実際はほとんどありません。けれど今は、自分のことは自分で選んでいいのです。

つまり、親に対する関わり方も、ご自身で選んでいいのです。

結果的に同じ対処をとったとしても、よくわからないままとった行動ではなく、自分の気持ちに適切に気づいたうえで、それなりに納得して「選んだ」行動であれば、見える景色はまるで違うものになるのではないでしょうか。

世間の常識や親からの訴えに揺らぎながらも、自分だけはご自身の味方でいられるように「選んでいい」とご自身の気持ちを聞き続けてあげてほしいと思います。

▼〝嫌な自分〟が出てしまうパターンをつかむ。

▼負担を減らし、〝ありたい自分〟でいられるときを増やしていく。

▼親への関わり方は、自分で選んでいい。

おわりに

「寝子」としてツイッター（X）やブログを始めたときは、まさかこんなにたくさんの方々にフォローしていただけるとは、夢にも思っていませんでした。

そしてこのような本の出版まで至ることができたのは、本当にフォロワーの皆様とブログをお読みくださっている方々のおかげです。

私は日々のカウンセリング業務に加えて、ツイッターやブログで〝文字で伝える〟ことを経験し、「カウンセリングでできることと、ＳＮＳや本でできることは違う」と改めて実感しております。どちらにもできること・できないことがあり、文章という関わり方はカウンセリングに劣るものではなく、文章が持つ力の素晴らしさを体験させていただいております。

そのような中、本書の出版のお話をいただいたとき、「答えありきのものではなく、何より自己理解の助けになるものにしたい」と思いました。

私たちの心の中には、たくさんの気持ちが住んでいます。自分にとって厄介な感情や思考でも、きっと大切な意味があり、必要だからこそ共にいるのだと感じています。

「答えのない中で自分なりに答えを出す」ことは大変なことです。けれど、親へのしんどさは「もう今は自分の人生は自分で決めることができる」という証であると心強く思っていただけたら、と思いながら書き進めておりました。

どうか、本書の〝良いところだけ〟持って帰ってください。

1冊の本や一人の人物の見解のすべてに共感できなくて当然です。本書も含めて、あらゆる情報に接したとき、「自分は違う気がする」と感じたら、ご自身の感覚を信じてください。

もし、一部でもご参考になるところがあったら、ぜひ心の片隅に仲間入りさせてくだされば とても嬉しいです。

最後に、本書に書かれていることを教えてくださったのは、これまでに出会ったクライアントの皆さまのおかげです。この場を借りて心よりお礼申し上げます。

本書が、皆さまの苦しみを少しでも軽くする助けになれますことを、心より願っております。

2023年11月　寝子

著者・寝子（ねこ）

臨床心理士。公認心理師。

スクールカウンセラーや私設相談室カウンセラーなどを経て、現在は医療機関で成人のトラウマケアに特化した個別カウンセリングに従事。

トラウマの中でも、親子関係からのトラウマケアと性犯罪被害者支援をライフワークとしている。

臨床業務の傍ら、ツイッター（X）で心理に関する発信をし始め、フォロワー1万人超え。

対処法よりも自分を理解することに重きを置いた内容が支持され、ブログ記事は「探していた答えが書いてあった」「自分の状態がクリアに理解できた」と評判になっている。

ツイッター（X）：@necononegot
HP：https://psychologist-neco.com/

装丁／坂川朱音（朱猫堂）
本文デザイン／坂川朱音+小木曽杏子（朱猫堂）
イラスト／須山奈津希
DTP／フォレスト
校正／文字工房燦光、鷗来堂
編集／平井榛花

「親《おや》がしんどい」を解《と》きほぐす

2023年12月18日　初版発行

著者／寝子《ねこ》

発行者／山下　直久

発行／株式会社KADOKAWA
〒102-8177　東京都千代田区富士見2-13-3
電話　0570-002-301(ナビダイヤル)

印刷所／株式会社加藤文明社印刷所

製本所／株式会社加藤文明社印刷所

●お問い合わせ
https://www.kadokawa.co.jp/（「お問い合わせ」へお進みください）
※内容によっては、お答えできない場合があります。
※サポートは日本国内のみとさせていただきます。
※Japanese text only

定価はカバーに表示してあります。

ISBN 978-4-04-606587-2　C0095